교실에서 살아남기 위한 정치 이야기

이 책을 읽기 전에

1. 이 책은 일본 책의 번역서로, 일본의 실정을 어느 정도 포함하고 있습니다. 일본의 사례이지만 국내 독자들에게 소개할 가치가 있다고 판단한 내용은 그대로 실었음을 밝힙니다.

2. 이 책은 정치학자인 저자가 청소년들에게 편한 어투로 이야기를 들려주는 형식의 책입니다. 본문 중 '얇은 고딕체'는 이 책에서 설정한 가상의 청소년이 하는 말이며, '**밑줄 친 굵은 고딕체**'는 저자가 특별히 강조하는 내용입니다.

3. 본문 중 '옮긴이'로 표시한 주석은 국내 독자들을 위해 옮긴이가 추가한 설명입니다.

교실에서 살아남기 위한
정치 이야기

오카다 켄지 지음

박여원 옮김

시그마북스
Sigma Books

무소의 뿔처럼 혼자서 가라

- 숫타니파타

시작하며

느닷없지만, 이런 떨떠름한 경험 한 적 없니?

학교 이벤트 준비를 위한 학급 회의. 회의를 이끄는 사람은 평소에도 목소리가 큰 아이로, 좀체 의견을 내지 않는 아이들은 마치 그 자리에 없다는 듯 이야기가 진행되지. 의견이 여러 갈래로 나뉘어 정리되지 않으니, 진행을 맡은 회장이나 반 아이들 모두 답답해해. 회의 내용도 아이들의 감정도 점점 갈팡질팡하는 모습을 보니 이젠 논의라고 하기 힘들 정도야. 의견을 정리하려고 다수결 투표를 해봤더니 찬성 51%, 반대 49%가 나왔어. 학급 절반 가까운 아이들의 생각과 마음은 없었지만, 결과적으로 그냥 그렇게 찬성안이 통과돼.

아니면 이런 기분이 든 적은 없니?

“차별하면 안 돼”, “평등이 중요해”……. 학교나 SNS에서 자주 보고 들으니 잘 알 거야. 그런데 특별히 대우를 받거나 동정받는 친구를 보면 왠지 모르게 마음이 복잡해져. 나도 꽤 힘든 상황인데, 난 손해 보고 있는 거 아냐? 교실이나 학교도, 어쩌면 사회도 전혀 평등하지 않다고 외치고 싶어져.

…………

이 책은 주로 ‘청소년’이라고 불리는 너희들에게 정치와 민주주의에서 깨달을 수 있는 지혜를 전하고, 그것을 너희가 일상생활에 활용하길 바라는 마음에서 썼어. ‘또 식상한 정치 책이네’라고 생각했다면 잠깐만 기다려줘. 사실 **아직 아무도 시도해본 적 없는 형식의 책**이거든.

이 책을 펼친 청소년 친구들 중에는 일반 사립 학교에 다니는 학생이 있는가 하면 지역 내 공립 학교에 다니는 학생도 있을 거야. 가고 싶은 학교라 일부러 지원해서 간 사람도 있고, 내키지 않아도 그냥 집에서 가까우니까 다니는 사람, 빨리 이 시기가 지나가길 바라는 사람, 또는 너무 튀거나 겉돌지 않도록 목소리를 죽이고 사는 사람도 있겠지. 물론 학교를 다니지 않는 친구도 있을 거라고 생각해. 이처럼 '청소년'이란 호칭은 단순한 기호야. 청소년이라고 해도 그 형태는 다양하지. 마음껏 학교생활을 즐기는 사람이 있는가 하면 지금 사는 게 지옥이라고 생각하는 사람도 있을 거야.

그런 식으로 불안이나 의심, 초조함을 안고 살아가는 사람에게 당장 필요한 건 '국민주권'이나 '책임감 있는 시민' 같은 거창한 목소리가 아냐. 중요한 건 나 자신의 안전과 안심, 즉 **반경 5m 내의 안전 보장** 문제지.

안전 보장이라고 해도 군비나 국가 간 분쟁 이야기를 하려는 건 아냐. 반경 5m, 그건 우리 **일상생활 속 공간이지. 일상생활 속 공간(특히 교실)에서 머리를 부여잡고 움츠리는 게 아니라 조금이라도 원만하게 안심하며 지내기 위해서는 무엇보다 정치학이 도움이 된다**는 사실을 알려주려고 해.

난 일본 도쿄에 있는 한 사립대학교의 교수야. 너희보다 살짝 나이 많은 선배들에게 정치학이라는 학문을 가르치고 있어. 그리고 초등학생과 중학생 아이가 있지.

이 책에서는 학교와 교실 안에서 일어나는 여러 가지 일들에 관해 정치학의 관점으로 살펴볼 거야. 그러는 이유는 뭘까? 졸업하고 진학이나 취직을 할 때까지 **어떻게든 교실에서 살아남아 학교생활을 즐기길 바라기 때문**이야.

지금까지의 정치학 책에서는 국가라는 둥 의회라는 둥, 매우 거창하고 추상적인 주제만 다뤄왔어. 그리고 위대한 민주주의를 지탱하기 위해 국민은 모두 '훌륭한 시민'이 돼야 한다고 때로는 상냥하게, 때로는 엄격하게 설교했지.

그런데 내 방식은 좀 달라.

우리나라는 물론 다른 나라의 정부에서도, 국회나 관청에서도, 상점가 협회나 교직원 회의에서도, 그리고 너희 교실 안에서도 인간의 행동에는 같은 **역학 = '정치'**가 작용해. 현실에는 너희의 의도와 상관없이 장치로서 꿈틀거리는 정치가 있지. 그걸 잘 다루기 위해 내가 연구하는 정치학에서는 몇 가지 지혜와 언어를 준비해뒀어. 수많은 사람들이 모이는 불안정한 장소에서 살아가는 데에 정치학은 정말 큰 도움이 될 거야. 그 지혜와 언어를 학교생활을 잘 헤쳐나가는 데 활용하길 바라. 절대 '훌륭한 시민이 되자'라는 거창한 말을 하려는 게 아니야. '최악의 상황을 피하자' 정도의 시작점에서 나아가려고 해.

평소 대학생을 상대로 가르치는 정치학의 내용을 청소년의 관점과 생활에 맞춰 이해하기 쉽게 전하자고, 하지만 절대 수준은 낮추지 말자고 다짐하며 이 책을 썼어. 수준을 그대로 유지하는 대신 가끔은 당당하게 어른의 시선으로 말할 때도 있을 거야. 그때는 조금만 참아주길 바랄게.

먼저 머리말에서는 이 책의 전제, 즉 왜 우리는 사회라는 잘 알지 못하는 집단에 소속되어 살고 있는지, 그 실마리를 살펴볼 거야. 자책은 그만하고 마음 편하게 그 부분부터 파악해보자. 그리고 제1장에서, 이유도 모르는 채로 남의 말을 들어야 하는 상황을 통해 너희가 학교 안에서 이미 정치에 휘말려 있다는 사실에 관해 알아볼 거야. 제2장에서는 학급 회의를 예시로 민주주의의 토대가 되는 '의논'에 대해 생각해보자. 의견은 적극적으로 말하는 편이 좋다고 생각할 텐데, 사실 나이에 상관없이 '말하지 못하는' 사람이 꽤 많아. 말하지 않을 뿐, 생각하고 있는 사람들이지. 제2장에서는 그런 사람들을 제대로 살펴보자.

다음으로 친구라고 하면 '마음이 통하는' 친구 관계만을 연상하기 마련인데 무리한 말은 하지 않을게. 제3장에서는 꼭 친하지 않아도 서로 협력할 수 있는 관계에 관해 이야기할 거야. 제4장의 주제는 '평등'이야. 입시처럼 여러 사람들의 마음속 스위치를 눌러버리는 문제에 관해 여러 사례를 통해 생각해볼게. 마지막 제5장에서는 대충 이런 이야기를 할 거야. 자기 책임 같은 말을 무시해, 여러 번 다시 해도 괜찮아, 학교는 목숨을 걸면서까지 갈 곳은 아니야.

이 책은 청소년을 대상으로 썼지만, 청소년의 보호자나 학교 선생님, 그 외에 청소년들의 생명을 필사적으로 걱정하며 살아온 사람들도 읽어줬으면 해. 물론 아이들 뒷바라지만으로도 너무나 바쁠 테니, 잠깐 짬이 날 때면 읽어줘.

학교에 모이는 사람들 말고도 시장에서 포도를 팔거나 소방서에서 구조 훈련을 하거나 식당에서 오늘도 열심히 영업 준비 중인 사람들, 즉 **사회 속에서 타인과 함께 살아가는 모두에게 도움이 될 만한** 내용을 준비했어.

누가 읽든 이 책을 덮을 때 정치와 사회가 조금이라도 선명하게 보이게 된다면 너무 기쁠 거야.

그럼, 바로 시작해볼까?

가장 먼저 "친구는 많을수록 좋다"라는 말은 사실 틀렸다는 것부터.

사회는 친구 관계만으로 이어져 완성된 게 아니거든.

— 네? 그게 무슨 말이에요?

차 례

머리말 —————————————————
대전제: 힘을 빼고 나를 지킨다
— 선·악·사회

교실 안에서의 안전 보장

누구도 훌륭한 사람은 될 수 없다

친구가 100명이나 필요할 리는 없다

세계사에 한 번밖에 등장하지 않는 우리

제 1 장

남의 말 듣기와 듣게 하기

— 권력·합의·자치

정치는 '선택'이다

우리의 마음속 습관 — 이유도 모른 채 따른다

말도 안 되는 교칙도 지켜야 할까?

'다 같이 결정'은 꿈같은 이야기

제 2 장

왜 '의논'을 해야 할까?

— 논의·중립·다수결

우리의 의논은 실패한다

치우침을 확인하기 위해

'논파'에 숨겨진 사실

다수결 = 민주주의? — 다수결은 순간의 온도 같은 것

말은 안 해도 생각은 하고 있다

말을 꺼내지 못하는 사람을 위한 정치

동료를 만든다는 것

— 대립·지지·연대

제 4 장 ─────────

평등을 둘러싼 찜찜함

— 공평·공정·분배

마음이 소란스럽고 성가신 '평등'

평등을 세세하게 나눠본다

평등하지 않으면 곤란해지는 이유

제 5 장
정치는 우리 삶에 도움이 된다

— 책임·민주주의·정치

자기 책임론은 무시하자

다시 하는 것이 전제되는 시스템 — 민주주의

학교도 집도 아닌 곳으로

마치며

감사의 말

대전제:
힘을 빼고 나를 지킨다

― 선·악·사회

교실 안에서의 안전 보장

고민과 불만으로 시작되는 하루하루

느닷없이 거창하고 어려운 주제를 던지면 너희가 책을 덮을지도 모르니 차근차근 시작할게.

청소년을 위한 '추천 도서'는 대체로 교실을 너무 평탄하고 평면적인 세상으로 그리고 있어. '개성 넘치는 아이들'이라고 하지만, 결국 다 비슷비슷해. 이미 그것만으로 실제 학교생활과는 전혀 다른 풍경이 되지.

'평탄'하다고 전제된 교실은 사실 여러 의미로 울퉁불퉁해. 40명 가까이나 되는 많은 사람이 모여 강하고 약한, 진하고 연한, 무겁고 가벼운, 깨끗하고 지저분한, 솔직하고 음흉한, 승리와 패배가 서로 엇갈리는, 무슨 생각을 하는지 알 수 없어도 재미있고 성가신 사람들로 북적이지. 그곳이 바로 너희가 있는 교실, 학급이라는 곳이야.

거기에는 수많은 슬픔과 괴로움이 있어. 그런데 졸업한 사람들은 그 사실을 쉽게 잊어버려. 그래서 그런 인간의 다양함을 전제로 일어난 현실적 문제를 제쳐두고 갑자기 거창하고 어색한 말을 시작해. 그러면서 "자, 여기에 밑줄을 긋고 외워요!"라고만 하니, 교실 안에서 보는 세상을 기초로 너희의 고민을 들어주는 건 쉽지 않지.

예를 들어 '정치'나 '주권자'에 대해 이야기한다 해도, 막상 너희가 매일 아침 교문을 통과하며 부여받는 과제는 '오늘도 분란 일으키지 말고, 무탈한 하루를 보내자'와 같은 교실 안의 인간관계나 안전 보장에 관한 거야. 그것만으로도 이미 머리가 터질 것 같지.

만약 그런 고민을 들어줄 목적이라면 '지금 당장 도움 되는 비법 모음집' 같은 걸 쓰면 되는데, 그것만으로는 응용은커녕 실전에 활용할 만큼 탄탄한 준비를 할 수 없어. 오히려 몇천 년 동안 너희처럼 하루하루를 열심히 살아온 선인들의 생각이 담긴 정치학이 더 도움이 될 거야.

다시 말해 이런 순서지. '하루하루 사는 것에 관해 우리가 느끼는 고통' → '그것을 해결하기 위한 몸과 마음의 훈련 준비' → '같은 고민을 안고 있던 사람들의 경험담' → '정치 언어로의 표현'. 지금까지의 입문서는 이 순서를 반대로 설명해왔어. 그런데 이 책은 달라.

조금 어려운 용어를 하나 말할게.

아무리 그래도 완전히 배제할 수는 없는 개념이거든.

그건 바로 '주권자'라는 말이야.

오늘부터 당신은 주권자입니다

너희는 교문을 지나 교실에 들어갈 때부터(또는 학교에 오기 전부터) 이미 여러 가지 배려와 고민을 시작해. 환한 얼굴로 "안녕!"이라고 인사하는 친구를 따라 힘껏 "안녕!"이라고 답해. 잔뜩 졸린 얼굴로 교실에 들어오는 친구에게 아는 척을 하고, 별로 내키지 않는 수다를 떨며 담임 선생님이 올 때까지 시간을 보내지.

날 괴롭히는 아이가 오늘 결석인 것 같아 살짝 안심해. 어제 수학여행 조를 정할 때 주고받은 대화가 조금 마음에 남아 오늘 급식은 누구랑 먹을지 망설여져. 삐진 것처럼 보이면 안 되는데, 그렇다고 억지로 괜찮은 척하면서 어색해지는 것도 별로야. 아이돌 이야기를 적당히 나누고, 짜증 나는 축구부 아이랑 그 무리 여자아이들과는 오늘도 거리를 좀 두자.

이처럼, 여러 가지로 귀찮아도 살짝 머리를 굴리며 생활하지 않으면 나 자신의 안전을 확보할 수 없어.

그리고 그런 고민은 스스로 해야 해. 다른 사람에게 맡기면 이상한 소문이 돌거나 대응하기 힘들 만큼 놀림을 당해서 다시 원래대로 돌리기도 귀찮으니까. 이럴 땐 어쩔 수 없이 정신력이 중요해. 교실은 그런 공간이야. 학교에 온 이상, 내 마음대로 교실 안이라는 설정 자체를 바꿀 수는 없어.

난 청소년 시절 부모님께 "학교 안 갈 거면 지금 당장 나가서 혼자 살아!"라는 생사로 이어지는 압력을 받았었어. 그 바람에 생각할 틈도 없이 '학교는 그냥 꾹 참고 다니는 거야'라고 받아들였지. 하지만 지금은 학교에 가지 않고 홈스쿨링하는 친구도 꽤 흔한 시대라 너희는 오히려 더 괴로울 거야. 아침에 일어나 교복에 다리를 집어넣는 순간 느껴지는 우울함은 시공을 뛰어넘어 똑같아. 그래도 너희 대부분은 어떻게든 해내고 있어.

일일이 대응하는 게 귀찮아도 **남에게 맡기지 않고, 상황을 판단하며 살아가는 사람**을 일단 '주권자'라고 부르자.

그래서 너희는 주권자야. 이 책은 우선 여기서부터 시작하려고 해.

하지만 학교에서는 이런 식으로 시작하지 않지. 교과서에는 국가를 통치하는 사람이 '주권자'이고, 국민이 국가의 존재를 결정하는 것이 '국민주권'이라고 나와 있을 거야.

일본은 2016년 법률이 개정되면서 만 18세가 된 고등학교 3학년 학생들이 선거에서 투표할 수 있는 '주권자'가 되었어(우리나라는 선거권이 주어지는 나이를 2019년에 만 18세로 하향했다-옮긴이). 이 변화에 대응하기 위해 선생님들도 주권자가 무엇인지 가르쳐야만 했지. 그리고 얼마 후 현직 고등학교 교사와 교육 관계자로부터 상담 요청을 받게 됐어. "선생님, 주권자 교육은 어떻게 해야 할까요?"

역시 예상대로야. 교사들에게는 주권자에 관한 지식은 있지만, 그 지식만으로는 추상적 개념인 주권자를 학생들에게 어떻게 설명해야 할지 그림이 잘 그려지지 않지. 학교 교직원

회의도 아무 발언이나 자유롭게 할 수 있는 분위기가 아니야. 그래서 주권자라는 개념이 생활의 어떤 부분에서 우리와 연결되는지 이해하기 힘들어.

문부과학성(과학기술, 교육, 문화체육관광을 담당하는 일본 행정조직-옮긴이)이 만든 국어 교과서를 펼쳐보면 선거일의 투표소 그림이나 투표함 사진은 실려 있지만, 그걸 봐도 학생들에게선 '투표함은 은색' 정도의 반응밖에 나오지 않아. 여러 의미로 교육 현장에 있는 선생님들이 힘드실 거야. 선생님이나 너희나 같은 입장이지. 매우 힘들어.

누구도 훌륭한 사람은 될 수 없다

지금 여기, 나부터 생각한다

우선 중요한 주의 사항부터 알려줄게. 이번 장은 그런 역할을 갖고 있어서 매우 중요해. 처음부터 그 부분을 제대로 파헤쳐보자. 무엇보다 가장 중요한 건 다음과 같아. 이건 **이 책의 뼈대**가 될 거야.

'훌륭한 사람이 되어야 한다'라는 목표는 필요 없으니, 그런 생각은 버릴 것.

이 문장은 굵은 글씨로 쓰여 있는데, 한 번 더 형광펜으로 칠해두길 바랄게.

같은 나이의 학생은,

같은 교실에 모여,

같은 것을 배우고,

같은 반 아이들과 함께,

같은 속도로,

같은 답을 빨리 제출해야 한다.

학생들은 오래전부터 지금까지 계속 '모범적 기준'을 제시 받고 "이대로 해"라는 말을 들으며, 많은 어른들로부터 '훌륭한 사람이 돼야 한다'라는 가르침을 받고 있어. 일본에서는 메이지 시대(1868~1912년)에 정부에 의해 '교육에 관한 칙어'가 제창되면서 시작됐지.

앞에서 '훌륭한'은 '제대로 하는', '우리나라 사람다운', '말을 잘 따르는'과 같은 표현으로 바꿔도 돼.

하지만 그런 기준은 그 자체만으로는 별로 도움이 안 돼. 새로 산 청소기 설명서에 '청결이란 무엇인가?'라고 쓰여 있어도 아무도 읽지 않잖아.

'훌륭한 사람이 되지 말자'라고 하는 게 아니야. 그런 사람이 이 세상에 한 명이라도 더 늘어난다면 사람들이 조금이라도 행복해질 수 있으니 고마울 따름이지. 하지만 훌륭한 사람을 아무리 소중한 본보기로 삼아도 사람은 영원히 훌륭한 사람이 될 수 없으니, 일단 그건 제쳐두고 '지금 여기 우리'부터 시작하자는 거야.

일기예보도 출구 조사도 빗나간다

인간이 훌륭한 사람이 될 수 없는 이유는 여러 가지야.

첫 번째로 인간은 한 명도 빠짐없이 '실수'하는 존재이기 때문이지. 신은 인간을 실수할 수밖에 없는 생명체로 만들었어(기독교에서는 그걸 '원죄'라고 해). 이 세상은 인간에게 언제나 '불완전한 정보를 근거로 살아야 하는 곳'이야(이건 나중에도 여러 번

다룰 예정이야).

일기예보는 늘 조금씩 빗나가고, 선거 때 출구 조사를 해도 실제 선거 결과는 예상을 빗나가. 신상품이 얼마나 팔릴지도 직접 팔아보지 않으면 알 수 없어.

인간관계도 그래. "네 마음 너무 잘 알아"라고 가볍게 말하는 아이는 대체로 내 마음을 제대로 알지 못해. 거짓말과 가짜 그리고 '모르는 것'까지 빼면 우리가 알 수 있는 건 극히 일부에 불과하지. "널 위해 하는 말이야"라고 말하는 엄마가 진짜 내 마음을 얼마나 이해했는지도 실은 잘 알 수 없어.

세상은 선의와 악의로 뒤섞여 있고, 거짓말도 무성해. 세상은 너무 넓어. 사람이나 물건도 너무 많아. 거기에 '훌륭한 사람은 실수하지 않는다'라는, 우등생 제조를 위한 근거도 없는 세뇌 교육이 이뤄지고 있어. 우리는 이 '훌륭한 사람'이라는 저주의 말을 경계해야 해.

몸과 머리를 움직이게 하려면

우리는 그렇게 광활한 세상에 사는 보잘것없는 존재인데, 학교는 왜 훌륭한 사람을 본보기로 삼으며 가르치는 걸까?

애초에 실수투성이 인간에게 '훌륭한 인간 모델'을 보여준대도 그림의 떡 아닐까? 그런 의미로 '주권자'나 '시민'이라는 기준은 구체적인 인간이 아니라 머릿속에서 만들어낸 추상적 개인이야. '어디에도 없는 사람'인 거지.

그러나 우리는 어떤 생각을 할 때 머릿속에 오래전 경험했던 상황이나 꿈, 망상 속 장면 같은 구체적 이미지를 떠올리게 돼. '1 더하기 1'을 처음 배울 때도 '사과 한 개와 귤 한 개를 전부 합하면'이라고 하지. 그래서 인간의 몸과 머리를 움직이게 하려면 '○○적인 무언가'나 '○○성' 같은 막연한 말만으로는 부족해.

이것이 우리가 훌륭한 사람이 될 수 없는 두 번째 이유야. 다시 말해 '훌륭한 사람'이라는 추상적인 말에 너무 의지하면 동기 부여도 별로 안 되고, 행동도 달라지지 않을 거야. 내가 가르치는 대학생들에게 학습 계획을 물어보면 언제나 "제대로 열심히 하겠습니다"라고 말해. 거기에 거짓은 없어. 오히려 성실한걸. 하지만 '제대로'라는 단어의 의미를 끊어서 생각하지 않으면 그다음이 시작되지 않아. 어떤 단어 속에 포함된 의미를 하나씩 끊어서 생각해보는 것을 '언어의 분절'이라고 해.

왠지 귀찮기도 하고 그 자리를 벗어나고 싶다는 생각에, 담임 선생님이나 부모님에게 "열심히 할게요"라고 대충 말하며 마무리한 적이 있을 거야. 나도 아버지 잔소리에 몸을 사리려고 몇백 번이나 "알았어요, 열심히 할게요"라고 말하며 도망쳤어. 그리고 대부분은 열심히 안 하고 기타를 치거나 비틀스 노래만 불렀지.

훌륭한 사람보다 성실한 사람이 되자

세 번째 이유는 아주 쉬워. '우리에게는 세상을 바꿀 능력이나 수단이 없으니 그렇게 훌륭한 사람이 될 만한 노력을 할 여유가 없기 때문'이야. 학교에 다니는 10대에게 이보다 절실한 건 앞서 말했듯 교실 안 인간관계로부터 내 몸을 지키는 것, 즉 반경 5m 내의 일상 속 안전 보장일지도 몰라.

교실에서 목소리가 크고, 자기가 잘나간다고 생각해 우쭐하며, 선생님과 스스럼없이 지내는 사람도 있지만, 그렇지 않은 사람도 있어. 인기도 별로 없고, 수수하고 눈에 띄지 않도록 조용히 지내는 사람도 있지. 그런 작은 무리가 여러 개 있고, 대여섯 명 사이에서 갈등을 일으키지 않는 것에 온 신경을 집중하는 사람도 있어. 한 반에 있는 모든 친구들에게 일일이 대응 못 해. 너무 많으니까. 우선 나와 연관된 평범한 무리, 다섯 명 정도의 평온을 지키는 게 최선이야.

'주권자'를 수업에서 아무리 열심히 가르친다 해도, 각각의 무리에 집중하는 사람은 그보다 우선 내 생활 범위 안에서 안전한 캐릭터를 설정하고, 그것을 신중히 연기해 귀찮은 일이 생기지 않는 영역을 확보하는 게 일상에서 더 중요해. '훌륭한 주권자나 시민이라고? 그런 걸 생각할 여유가 어딨어!'가 되는 거야. 이번 장을 시작할 때 '교실을 너무 평탄한 공간이라고 가정한다'라고 했는데, 바로 이런 부분을 놓쳤기 때문이야.

친구가 100명이나 필요할 리는 없다

느슨하게 이어지는 것

'훌륭한 사람이 되려는 목표는 버린다'라는 대전제에, 너희의 마음을 편하게 만들 또 하나의 중요한 전제를 추가할게.

친구가 없는 걸 신경 쓰지 마.

최근에는 교육 관계자 사이에서도 자주 문제시되고 있는데, 어릴 때부터 듣고 배웠던 한 노래가 사실 너희를 옥죄고 있었어.

♪일 학년이 되면
일 학년이 되면
친구 백 명 생길까♪
(일본 동요 「1학년이 되면」 중의 한 소절이다-옮긴이)

애당초 이 세상에는 '친구가 있다 = 좋은 아이', '친구가 없다 = 부족한 아이'라는 공식을 당연한 듯 여기고, 친구와 잘 지내지 못하는 아이를 '어떻게든 도와줘야지'라고 생각하는 오지랖 넓은 어른들이 너무 많아.
이제 당연한 이야기를 할게.

우리는 그렇게 많은 사람과 친구가 될 수 없어.

'친구'라는 단어부터가 너무 허술해. 친구라는 단어를 끊어서 생각해본다면 친구가 적다는 이유로 자책할 일은 없을 거야(제3장에서 자세히 이야기할게).

취향이 같은 아이, 함께 있으면 편안한 아이, 힘들 때 투정을 받아주는 아이, 시험 범위를 잘 알려주는 아이, 아이돌 이야기만으로 2시간 동안 수다 떨 수 있는 아이, 주목받길 원하는 짜증 나는 아이, 같은 동아리일 뿐 싸우지 않으면 별로 귀찮을 게 없는 아이 등.

'속마음을 전부 털어놓을 수 있는 친구'는 그리 쉽게 생기지 않아. 우리는 넌더리 날 만큼 자기 이익을 챙기고, 의외로 협박이나 압력에 약하며, 생각보다 더 게으름뱅이에, 조금만 비난당해도 죽고 싶을 만큼 유리 심장을 가진, 그런 성가신 인간들이 모인 교실에서 어떻게든 10대 대부분의 시간을 보내야 해. 그런 곳에서 하루하루를 무사히 넘기는 것만으로도 큰일이야.

그런 상황에서 기적적으로(착각이더라도) '단짝이나 다름없는 아이'가 생긴다면 그거대로 매우 고마운 일이겠지만, 그렇게 되지 않았다고 해서 그게 인간으로서의 결함으로 이어지는 않아. 난 '조금 아쉬운 부분도 모두 안아주는 게 친구'라고 믿기 때문에 당연히 단짝은 별로 없어.

다시 이야기로 돌아가서, 우리는 훌륭한 사람이 될 수 없고, 적당히 나약하고 뻔뻔하고 제멋대로이며, '사람은 다 다르잖아?' 또는 '피곤하니 날 혼자 내버려둬'와 같은 기분이 들곤 하는 존재야.

이 점을 먼저 받아들인 다음, 일단 '많은 친구와 협력해 훌륭한 주권자가 돼야 해'라는 멋진 생각은 접어두고, 우리 일상을 되돌아본 후 무리하지 않는 선에서 생각하자. 그리고 '친구'에 대해서는 '100명 만들어야지!'가 아니라 **귀찮고 짜증 나긴 해도 서로 같은 면이 있으니 조금은 참을 수밖에 없는, 가끔은 재미있는 관계'** 정도로 '느슨하게' 정리해두는 편이 좋아. 어차피 무리한 생각을 계속할 수는 없으니까.

얼굴도 모르는 타인들이 모인 '사회'

타인에 대해 '서로 적당히 참을 수 있게' 된다면 마음이 편해지겠지만, 정치와 민주주의를 말하려면 그 범위를 벗어나 좀 더 큰 인간 집단에 관한 이야기를 안 할 수 없어. 그러니 한 발짝 더 '느슨하게' 다가가기 위한 설명을 시작할게.

거창한 표현이나 멋지고 전문적인 단어가 나올수록 우리는 그 말을 깊고 자세하게 생각하지 않는 경향이 있어. 대학생들에게 "그런데 ○○는 뭐지? 그걸 중3 동생에게 어떻게 설명할 수 있을까?"라고 물어보면 강의실 안은 쥐 죽은 듯 조용해지지.

그런 전문 용어 중에서 좀 더 큰 인간 집단을 표현하는 전형적인 말이 '사회'야.

사회라는 말이 정확히 무엇을 뜻하는지는 단 한 번도 생각해본 적 없지만, 어딜 가든 등장하니 모두 '대충 그런 뜻이잖아?'라고 짐작하는 경우가 대부분이지. 비난하는 게 아니야. 추상적인 말은 누구나 그렇게 대하기 마련이니까.

인간 집단은 먼저 '개인'이 있고, 그다음 '가족'이 있고, '친척'이 있고, '동네', '시내', '도내', 이렇게 점점 규모가 커져. 이런 집단이 꽤 커지면 '사회'라고 생각하게 돼. 틀리지는 않았어. 게다가 사회는 '관계'보다는 크고, '국가'나 '세계'보다는 훨씬 작은 집단이라는 느낌도 들지. 물론 이것도 틀린 건 아니야. 그런 식으로 단어가 크기를 나타내는 역할도 하니까.

그렇다고 이 부분을 모두 크기라는 개념으로만 생각하게 되면 가령 '사회와 관계의 차이'에 대한 설명이 모호해지고, 사회라는 말이 주는 은근한 느낌도 파악하기 힘들어. 그런데도 정치와 민주주의를 배울 때 자주 나오니 골치가 아프지.

우선 사회는 '가족'이나 '이웃'과는 달라. 왜냐하면 사회를 구성하는 사람 대부분은 서로를 모르거든. 만난 적도 없고, 대화해본 적도 없는 100% 남이야. 그럼, 별로 상관없는 사람들인가 하면 그렇지도 않아. 사회를 구성하는 한 사람 한 사람은 각각의 개인이지만, 덩그러니 개인으로만 존재하는 사람에게 나를 대입해보면 뭐라 말할 수 없는 초조함이 생겨.

만난 적도, 대화해본 적도 없지만 뭔가 연결된 집단이라고 생각하지 않으면 살짝 불안해지는 거야.

그렇다면 만난 적도, 대화해본 적도 없는 사람들과 나의 공통점을 찾은 다음 '뭔가 좀 연관돼 있겠지' 정도로만 생각하면 되지 않을까? 왜냐하면 그 연관성에 따라 '우리'라는, 정치와 민주주의를 생각하기 위한 전제를 확인할 수 있으니까 말이야.

우리는 모두 작고 나약한 존재다

만난 적도, 대화해본 적도 없는 사람들과 나의 공통점은 '모두 작고 나약한 존재'라는 사실이야. 그건 단순히 체력이나 정신력이 약하다는 뜻이 아니야. 표현이 좀 이상한데, 우리의 나약함은 '완전히 덩그러니 혼자 있는 사람은 의미가 없다'라는 뜻의 나약함이야.

사람은 자립적이고 자율적으로 살아가는 게 좋다고 해. 그런데 이 거대한 환경과 체제 속에서 원자 단위의 개인으로서 우리가 할 수 있는 건 거의 없어. 어떻게든 다른 사람과 협력해야 해.

엄밀히 말하면 이건 '협동(cooperation)'이야. 개개인은 너무 작고 나약하며 낼 수 있는 힘도 한계가 있으니, 많은 사람이 부족한 부분을 서로 보완한다는 뜻이지[합작(collaboration)이라는 말도 있지만, 이건 '각각의 장점을 골라내 더한다'라는 뉘앙스가 강해].

그래서 우리에게 '사회를 지킨다'는 것은 '기본적으로 혼자서는 아무것도 할 수 없는 사람들이 각자의 힘을 모아 협력해 집단을 지속하는 것'이 되지. 우리를 이어주는 공통점 중에는 '혼자서는 살 수 없는 나약한 생물체'라는 부분도 있는데, 그런 의미로 우리는 평등하고 대등하다고 볼 수 있어.

이건 큰 스포츠 경기의 관람객을 보더라도, 넓은 광장에 몰린 인파를 보더라도 그것만으로는 잘 이해가 되지 않아. 그때는 이 사실을 떠올려보는 게 좋아. '서로 얼굴은 몰라도 분명 나처럼 작고 나약한 사람들이 많이 있구나. 우리는 쓸모있는 일도 할 수 있고, 제대로 생각할 수도 있고, 가끔은 같은 마음으로, 가끔은 제멋대로 굴면서 하루하루를 살아가고 있구나'라는, **다른 존재이지만 비슷한 조건 아래에서 살 수밖에 없는 인간**이라는 사실. 그리고 이런 식으로도 생각할 수 있지.

살면서 도저히 이해할 수 없는 불합리하고 괴로운 상황에 마주했을 때, 사람은 '아무리 그래도 너무하네!'라는 생각을 해. 그건 나뿐만 아니라 전혀 알지 못하는 타인의 일이라도 똑같을 거야.

어떤 사람이 배구부에서 연습하다가 코치에게 아무 이유

없이 걷어차이는 상황을 겪었다면, 우리는 '그건 아무리 그래도 너무한 거 아냐?'라고 생각하겠지. '절대 이해 안 되는 대우를 받다니, 모르는 사람이지만 그건 정말 말도 안 돼!'라고 화내게 될 거야.

만난 적도, 대화해본 적도 없지만, 분명 어딘가에 '그건 너무하지 않아?'라고 나 대신 화내줄 사람들이 있다고 생각하고, 그렇게 믿고 싶어.

그런 마음을 가진 사람이 많다면 이 세상에는 '사회'가 존재하는 거야.

그래서 사회는 단순히 집단의 크기가 아닌 거지. "아무리 그래도 그건 아냐!"라고 말해줄 사람이 반드시 있을 거라는 '신뢰'가 포함되어야 해. 아무리 규모가 크고 분위기 좋은 집단에서 겉으로는 즐겁게 웃으며 지내고 있다 해도, 누군가 아프리카계 혼혈인 친구에게 "너 너무 탄 거 아냐?"라는 폭언을 했을 때 다들 그걸 못 들은 척하거나, '뭐, 그 정도는 괜찮지 않나?'라며 대충 넘어가거나, 그 말을 들은 친구가 "어차피 맨날 겪는 일인걸”이라며 체념했다면 거기에 ‘사회’는 없어. ‘군중’만 있을 뿐이야.

사회는 ‘신뢰와 상상력으로 이루어진 공동체’야.
살짝 딱딱하니까 좀 더 부드럽게 말하자면,
‘어느 정도 믿을 수 있는 타인이 있는 집단’이지.

세계사에 한 번밖에 등장하지 않는 우리

한 명의 인간이 존재하는 기적

모두 작고 나약한 인간이지만, 인간이 다 같지는 않아. 모두 달라. **‘모든 인간은 세계사에 단 한 번밖에 등장하지 않는다’**라는 말로 바꿔도 좋아. 누구도 대체할 수 없다는 뜻이야. 그 사실은 누구도 반박할 수 없어.

너와 내가 여기에 있다는 것, 그 자체가 기적이지.

그래서 민주주의는 '개인 존중'부터 시작해. 같은 사람은 이제 두 번 다시 영원히 나타나지 않을 테니, 그 사람이 여기에 있든 저기에 있든 존재 자체를 소중히 여기고 고마워하자는 생각을 한마디로 표현한 게 '개인 존중'이야. 이것도 이 책에서 이야기를 나아가는 데 절대 빼놓을 수 없는 대전제지.

하지만 그런다고 해도, '이 세상엔 진짜 쓸모없고 인간 말종인 사람도 있잖아? 세상에 전혀 도움이 안 되고 남한테 피해만 주는 인간이!'라는 반론은 영원히 사라지지 않아.

소설이나 연극에서는 인간이라는 알 수 없는 존재를 어떻게 그리는지가 중요한 과제라서 그런 인간이 등장하는 경우가 많아. 어쩌면 이 세상에는 존재 자체만으로 악이 성립되는 진정한 악인이 있을지도 모르지.

하지만 그것 역시 아무도 장담 못 해.

왜냐하면 우리는 인간의 역사에서 딱 한 번 등장하는 사람들에 대해 불완전한 정보만 갖고 있으니까. 정말 악인이라고 단정할 만한 자료를 모으는 건 불가능해. 악의 정도는 파악할 수 있어도, 진정한 악에 대해서는 사실 우린 잘 몰라.

내 마음의 스승인 철학자 故 쓰루미 슌스케 선생님은 "인간에 관한 최종 판단을 내리기 위한 정보가 확보되지 않는 한, 우리는 한 인간을 없는 존재로 만들 합리적 근거가 없다" 라고 했어. '사람이 사람을 죽여도 된다는 근거는 어디에도 없다'라는 거야. 우리는 모두 그런 생물체지.

때로 우리는 정말 답답한 소리를 하거나 귀찮게 구는 사람에 대해 어느 정도 한계치가 넘으면 '진짜 죽여버릴까?'라고 (절반은 욱해서, 절반은 진심으로) 중얼거려. 저런 애가 이 세상에 없으면 내 인생도 평온할 거라면서. 그 마음 충분히 이해해 (고등학교 수학여행 때 캔 커피를 쥐고 내 배에 주먹을 날린 이시와타를 난 절대 잊지 않아).

하지만 그렇다고 해서 짜증 나는 인간을 없애야 하는 이유를 제대로 설명할 만한 근거 역시 없어. 그런 근거는 찾는다 해도 모두를 납득시키지는 못하지.

서로 다른 우리가 갖는 똑같은 무언가

난 이번 대전제에서 '사람은 각자 다른 존재라 대체 불가능하다'라고 했어. 그리고 바로 앞에서는 '사람은 모두 비슷하게 나약한 존재고, 혼자서는 사회를 지탱할 만한 일을 할 수 없다'라고도 했지.

다시 말해 '사람은 모두 다르지만, 모두 같은 존재'라는 거야.

이 부분을 왔다 갔다 하면서 생각하는 것이 사실 정치 이야기의 시작점이야. "차별하면 안 돼"라고 말하지. 왜냐하면 사람은 모두 평등하고 같은 존재이기 때문이야. 하지만 한편으로는 "모두 달라도 된다"라고도 해. 무슨 말이냐고?

이렇게 바꿔볼게.

각각의 인간은 역사상 유일한 존재이므로 모두 다르다.
하지만 살아남기 위한 공통의 조건을 가지고 있다.

잘생기고 성격 좋고 축구도 잘하고 명문대를 졸업한 후 좋은 회사에 취업해 서른 살에 고층 주상복합을 구매한 아이도, '그렇게 남들과 소통이 안 되면 커서 작은 회사에 들어가기도 힘들다'라고 담임에게 쓴소리를 들었던 철도 마니아 아이도(난 철도 마니아는 아니지만, 철도 마니아를 사랑하는 별난 인간이야) 혼자서는 아무것도 할 수 없어. 전부 누군가와의 협력이 필요하지.

비록 지금은 만족스러운 환경에 있을지라도, 만약 IMF 급의 엄청난 경제 위기가 또 발생한다면 불만족스러운 곳에서 기대에 못 미치는 급여를 받으며 힘들게 일해야 할 수도 있어. 큰 병에 걸렸을 때도 마찬가지야. 우리는 그렇게 무너지기 쉬운 현실에 놓여 있어. 내일 일어날 일은 아무도 몰라. 진짜야. 현대의 인간은 큰 파도나 흐름 속에 언제든 빠질 수 있거든. 사람은 다 다르지만, 같은 위험에 빠지고 같은 압력을 받을 가능성이 있는 불안정한 생물체야.

이것도 세상을 너무 대충 생각하지 않도록 살펴두고 싶은 전제야. 하나만 선택해서는 안 돼. 전부 다니까.

여기서 말한 대전제는 매우 중요하니까 다시 정리해볼게. 전제가 너무 많아 미안하지만, 지금까지 난 이런 말을 했어.

- **'훌륭한 사람이 된다'라는 목표는 필요 없으니 버리는 편이 좋다.**
  이건 '추상적인 본보기는 제쳐둬도 된다'는 뜻이야.

- **친구가 많지 않은 건 신경 쓰지 않아도 좋다.**

  이건 '무리는 하지 말고 나 자신부터 지키자'는 뜻이야.

- **사회란 '어느 정도 믿을 수 있는 타인의 집단' 정도면 된다.**

  이건 '아직 본 적 없는 친구를 조금만 믿어보자'라는 뜻
  이야.

- **인간 한 사람 한 사람은 유일한 존재로 각기 다르지만, 공통의
  조건을 가지고 있다.**

  이건 '넌 혼자이긴 하지만, 살아남을 조건은 친구와 공
  유하고 있다'는 뜻이야.

지금 말한 전제는 앞으로 차근차근 더 자세히 설명하도록
이 책을 구성했어.

그럼, 이제 본격적으로 이야기를 시작해볼게.

제1장

남의 말 듣기와 듣게 하기

— 권력·합의·자치

정치는 '선택'이다

'남의 말 듣기'란 무슨 뜻일까?

이 책의 대전제를 확인한 다음 가장 먼저 살펴보고 싶은 부분은 '남의 말 듣기란 무슨 뜻인지'에 관한 문제야. '남의 말 듣기'가 정치와 어떤 관련이 있는지 지금은 잘 이해되지 않겠지만, 이것부터 설명하지 않으면 일상생활과 정치를 연관 지을 수 없어. 어쨌든 지금은 일단 정치를 이해하는 데 도움이 될 거라는 생각으로 함께하길 바랄게.

우리는 어린이집이나 유치원에 다닐 때부터 "말 잘 들어야지!"라는 소리를 들으며 자라왔어. 초등학생이 된 후에는 들어야 할 말이 갈수록 세세하게 많아지고, 어른들의 세계와 점점 가까워질수록 생각도 더 자랐을 거야. '화장실 갈 때는 말하고 가야 한다'부터 '스마트폰 앱은 부모님 허락을 받고 설치한다'까지. 도대체 남의 말을 얼마나 많이 들으며 살아온 걸까?

어릴 적부터 부모님이나 선생님 말씀을 듣는 게 당연했고 그렇게 행동하는 게 익숙해지면서, 반대로 무엇을 하든 누군가의 지시가 필요하게 되었지. 어쩔 수 없어. 그게 아이가 어른으로 성장하기 위해 반드시 거쳐야 하는 과정이니까.

하지만 청소년이 되고 나서는 부모님이나 선생님의 말씀을 그대로 흡수하고 순순히 따르기만 하지는 않게 되었어. 사사건건 잔소리하는 부모님과의 대화에 짜증 내는 일도 많아졌을 거야.

그럴 때마다 '도대체 왜 사람은 남의 말을 들어야 하지?'라는 근본적 질문에 대한 답을 고민해본다면, 나중에 어른이 되어서도 남의 말에 휘둘리지 않는 인생을 살 수 있어.

또 '무슨 말이든 무시하고 내가 하고 싶은 대로 할 테니까 상관없어!'라고 생각하더라도, '내가 결정했다고 생각한 일'이 사실은 '그렇게 결정하도록 유도된' 경우일 때도 있어. 따라서 이러한 고민은 더 나은 판단을 위한 준비라는 점에서도 매우 중요하지.

그렇다면 도대체 왜 사람은 남의 말을 들어야 할까?

너무 막연하니까 좀 더 명확한 표현으로 바꿔볼게.

사람은 늘 자기가 원하는 것을 강요할 수 없으니 가끔은 남의 말을 들어야 하는 경우가 생겨. 어떤 이유로 "네, 알겠습니다. 그렇게 할게요"라고 받아들이게 될까?

'남의 말 듣기'라는 표현에는 특별한 의미가 담겨 있어. 글자 그대로 남의 말을 듣는 거라면 그건 단순히 '남의 성대가 울리는 소리로 내 고막을 진동시킨다'라는 뜻이 되겠지. 하지만 여기에는 '남의 요구를 그대로 따른다'라는 뜻이 들어 있어서, 예컨대 '가끔은 남의 말에 귀 기울이는 고분고분함도 필요하다'라는 말로 표현할 수 있어. 아무튼 '남의 말 듣기'는 단순히 듣는 행위(Listen to)가 아닌 '남의 말을 받아들이고 행동한다'는 것을 의미해.

선택, 결정 그리고 설득

'남의 말 듣기'는 언제나 부모님이나 선생님, 선배님과의 일대일 관계에서만 일어나는 게 아니야. 오히려 그런 상황보다는 '이미 결정된 일을 내가 어떻게 맞춰나갈 것인지' 선택할 때 더 자주 일어나지. 정해진 내용에 어떤 태도를 보일지 선택하는 상황. 그것이야말로 '정치'야. 정치 이야기를 하려는 첫 번째 이유가 바로 이거야.

결정하는 행위가 어떻게 정치 이야기로 연결되는지 아직 잘 와닿지 않을 거야. 이 부분은 나중에 자세히 설명할 테니까 걱정하지 마. 아무튼 정치에서는 무언가를 '결정'하는 걸 절대 피할 수 없어. 지금은 이 부분에 관해 길게 설명하지 않을게. 그 이야기만으로 책 한 권이 될 테니까.

'정치란 무엇일까?'라는 질문에는 여러 답이 있겠지만(모든 질문에 정답은 하나만 있지 않아. 대학생이 되면 알 텐데, '어떤 답이 가장 설득력이 있을까?'라는 방식밖에 없지), 지금 여기서 강조하고 싶은 **정치의 특징은 '선택하고 결정한다'**라는 거야. 정치적 상황에서는 여러 선택지 중 하나를 '선택'하고, 좋다고 생각하는 것을 '결정'해야만 해. 그리고 '결정'으로 끝나지 않아. '결정을 사람들에게 설득하는 과정'도 필요하지. 여기서 '내 말을 듣게 한다'라는 이야기로 이어지는 거야.

'남의 말 듣기와 듣게 하기'는 정치 이야기야. 왜냐하면 정치에서는 '선택·결정·설득'이라는 세 단계를 피할 수 없기 때문이지. 선택·결정·설득을 하는 방법은 물론 다양해.

우리의 마음속 습관
— 이유도 모른 채 따른다

'차렷, 경례!'라는 수수께끼의 의식

사람들에게는 참 이상한 버릇이 있어. 입학식이나 졸업식 날이면 항상 그런 생각이 들지. 식은 대체로 엄숙한 분위기 속에서 진행되는데, 식이 시작되면 사회를 보는 선생님은 꼭 전교생을 향해 외쳐. "모두 자리에서 일어나세요." 그리고 이어서 이렇게 말하지.

"차렷! 경례!"

그 자리에 있는 사람은 모두 일어나 허리 숙여 인사를 해. 마치 군대 같아. 참고로 난 인사하지 않아. 예전에는 했는데 점점 꺼림칙한 기분이 들어 지금은 하지 않게 되었어. 그래서 모두 허리를 숙일 때 난 그냥 주변을 둘러봐. 그런 나를 비상식적이라고 생각할 수 있지. '다들 허리 숙여 인사하는데 저 대학교수만 꼿꼿이 서 있네. 잘난 척하기는'이라고 생각할 거야.

그런데 참 이상한 광경이야. 생각해봐. 입학식에서는 신입생과 뒤에 앉은 학부모, 선생님 등 나 아닌 모든 사람이 마이크만 세워져 있는 '아무도 없는 무대'를 향해 인사를 하는 거잖아. 벽에는 국기나 교기, 지자체 깃발만 걸려 있는데.

만약 단상 위에 교장 선생님이 계셔서 교장 선생님을 향해 인사를 하는 거라면 누구에게 어떤 예의를 갖춰야 하는지 알아. 식이 진행되기 전에 '교장 선생님, 오늘도 저희를 위해 힘든 역할을 맡아주셔서 감사합니다'라는 경의를 담아 인사하는 거라면 전혀 이상하지 않지.

하지만 지금껏 수없이 목격해온 식의 풍경을 떠올려보면, 우리 사회의 마음씨 착한 사람들은 항상 '누구에게 어떤 경의를 표해야 하는지 모르는 상태로' 그냥 '경례하라고 하니 일단 인사하자'라며 상황을 넘길 뿐이야. 도대체 누구에게 인사하고 있는 걸까? 여전히 풀리지 않는 수수께끼로 남아 있어. 그래서 이해가 안 돼. 그리고 이해되지 않는데도 인사를 시키면 계속 해. 정말 이상한 일이야.

우리 사회에는 이런 이상한 일들이 너무나 많아. 인사를 시켜서 한다는 건 다른 말로 '머리를 숙이라는 명령을 받는' 거야. "오카다 씨, 그렇게 깊이 생각하는 사람은 없어요"라며 웃는 사람도 있겠지. 내가 유독 깐깐하고 분위기 파악도 못 하는 데다 나이를 먹었는데도 행사 예절을 모르는 사람일 수도 있어.

난 요즘 학생들은 어떻게 생각하는지 궁금해서 대학생들에게 물어봤어. "입학식이나 졸업식에서 인사를 하는 건 누구를 향한 예의인가요? 여러분은 그때 상황을 이해하고 인사를 했나요?"라는 질문을 던졌어. 그러자 불과 얼마 전까지 고등학생이었던 대학 1~2학년생들로부터 "교수님도 그러셨군요! 저도 예전부터 너무너무 이상하다는 생각이 들어서 학교 행사를 싫어했어요. 인사하는 의미를 모르겠지만, 그런 걸로 투덜거리다 학교 부적응자로 찍힐까봐 잠자코 따랐습니다. 교수님의 생각이 저와 같다니, 너무 기쁩니다"라는 답변이 돌아왔지. 반갑다! 동지여!

난 여기서 인사를 하는 게 잘못이라거나 어리석다고 말하는 게 아니야. 인간의 모든 행동에 근거와 의미를 따질 여유나 기력이 없어서 적당히 흘려버리는 게 좋을 때도 꽤 많아. 하지만 존경의 마음을 표현하는 인간의 예의범절을 모두에게 강요하는 이상 그것을 따라야 하는 이유도 대충은 알고 있어야 해. 이유도 없고, 대상도 모르고, 텅 빈 곳에 그냥 인사를 한다니, 어떻게 그렇게 할 수 있지?

에피소드는 이것뿐만이 아니야. 우리 사회에서는 남의 말을 듣고, 근거도 없이 가만히 따르는 사람이 많아. 생각하는 습관이 없는 사람처럼.

왜 선배 말을 들어야 할까?

초등학생 때는 위 학년 아이가 약간 잘난 체하거나 저학년 아이가 고학년 아이를 살짝 무서워해서 피할 때는 있어도, 대놓고 명령하는 상황은 사실 거의 없었어. 그런데 중학생이 되니 갑자기 선배에게 황당한 일을 강요당하고, 싫으면 "싫습니다"라고 하면 되는데 '선배'라는 이유만으로 동아리 선배의 말을 들어야 하는 나날들이 이어져. 1학년만 동아리방 청소를 한다거나, 운동장 정리는 1학년 담당이라거나.

"동아리방은 2학년, 3학년도 다 같이 사용하는데 왜 1학년만 청소하나요?"라고 물으면 "1학년은 야무지지 못하니까 그렇지"라는 답이 돌아와. '너희들도 만만치 않거든? 그게 이유야? 다른 이유는 없어?'라며 부아가 치밀어.

선배 말을 들어야 하는 진짜 이유는 뭘까? 난 예전부터 이게 싫었어. 선배라고 해봤자 나보다 어쩌다 1년이나 2년 먼저 태어난 것뿐이잖아. 옛날엔 그걸 '그만큼 인생 경험이 많으니 선배 말을 듣는 건 당연하다'고 설명하더라. 중학교 1학년 때였어.

난 허술한 2학년 선배가 하찮은 힘을 과시하길래 화가 나서 반격한 적이 있어. 중학교 교복을 입자마자 나이가 많다는 이유만으로 '내 말을 듣는 건 당연하다'는 건방진 생각을 하는 것에 짜증이 났거든. 선생님은 끊임없이 "오카다, 넌 왜 선배에게 존댓말을 안 하니?"라고 잔소리하고, 1년에 300일이나 연습을 해야 하는 데다가, 하나에 500만 원이나 하는 고가의 악기를 사야 하는 비상식적인 세계에 따라가지 못해 반년 만에 관악부를 그만두고 말았어. 그리고 혼자서 기타를 쳤지.

난 이유도 없이 인사하거나 사과하고 할 말을 꾹 참는 건 가끔은 상관없지만, 그게 많은 사람의 관성으로 자리 잡으면 곤란하다고 생각해. 말도 안 되고 이해되지도 않는, 너무 이상한 상황. 그런 상황을 불평 없이 그냥 넘기는 건 더 많은 사람을 괴롭게 만들고, 한쪽으로 휩쓸리게 만들 거라는 걱정이 들어. 전쟁이 그 최악의 사례야. 그래서 남의 말을 들을 때는 나름의 근거와 이유, 즉 '설명'이 필요하다고 생각해.

그렇지 않으면 어른이 되어도 이해할 수 없는 상황이 될 때마다 '뭐, 어쩔 수 없지. 위에서 그렇게 말하니까'라며 별로 깊이 생각하지 않고, '그런 건 상식이지'라며 단정 짓거나, '그건 매너의 문제 아냐?'라며 말을 바꿔 나를 비롯한 타인에게 불합리한 상황을 강요하는 경우가 늘어날 거야. 그런 어른은 너무 많아. 악의가 있든 없든. 대체로 용기가 없거나 귀찮아서 그래.

살다 보면 그런 상황은 꼭 생겨. 그래서 그 태도를 모두 부정하지는 않아. 비록 조금 강요받았다고 해도 제대로 이해했다면 괜찮아. 아무 생각 없이 수긍하는 게 무서운 거지. '잠깐, 좀 이상하지 않아?'라고 하는 건 상당히 어렵거든.

말도 안 되는 교칙도 지켜야 할까?

왜 여학생만 양말 색이 정해져 있을까?

얼마 전 우리 대학교의 부속고 학생들이 졸업 후 진로 결정을 위한 '부속고 페스티벌'에 왔어. 난 학생들을 상대로 대학교 모의 수업을 진행했지. 교실에는 학생들 말고 인솔 선생님도 동행했는데, 지금까지의 경험상 '말을 따라야 하는' 사람이 같은 공간 내에 있으면 대화 형식의 내 수업에서는 학생들이 긴장하고 눈치 보느라 진심을 별로 말하지 못해.

입학 전 학생들의 생각과 감각을 파악하는 건 매우 중요한 일이라, 되도록 주변 눈치를 보지 않길 바라는 마음에 인솔해주신 선생님께 사정을 설명하며 "죄송하지만, 수업 중에 자리를 비켜주실 수 있을까요?"라고 부탁드렸지. 그리고 "음료수 같은 거 편하게 마시렴"이라고 말하며 긴장을 풀어줬어. 느긋하게 있어주길 바랐거든.

어쨌든 눈앞에 대학교수란 덩치 큰 사람이 자기들을 바라보고 있으니, 처음엔 모두 머뭇대. "'정치' 하면 가장 먼저 떠오르는 이미지가 뭐지?"라고 내가 묻자 "……총리 같은 거요"라며 그럴싸한 답을 했지(대통령제를 따르는 우리나라와 달리, 입헌군주제 국가인 일본은 다수당의 대표가 '총리'가 되어 국정을 운영한다-옮긴이).

하지만 그런 건 학생들에게 전혀 현실적이지 않지. 그래서 "그렇게 멋들어진 말은 안 해도 돼. 잘 모르면서 아는 척하는 요령만 익히면 나중에 굳이 멀쩡한 관공서 서류 양식을 바꿔대는 헛똑똑이가 되니 주의해야 한다"라고 말하니, 모두 웃음이 터지면서 분위기도 풀리고 꽤 솔직해지더라.

"너희 평소 생활에 맞춰 물어볼게. 학교생활에서 '이건 진짜 아니다' 싶은 떨떠름한 교칙이 있으면 알려줄래? 같이 온 선생님께는 비밀로 할게."

그러자 똑똑해 보이는 여학생 한 명이 말했어.

"교복 말인데요, 남자는 양말이 자유인데, 여자는 학교에서 파는 학교 지정 검은색 양말만 신어야 해요. 그거 좀 이상하지 않아요?"

"그 검은색 양말 촌스럽지 않아? 네가 보기에 말이야."

"네!"

“그렇구나, 남자는 자유인데 여자는 촌스러운 검은색 양말을 꼭 신어야 한다니. 그럼, 한번 생각해보자. 그런 설명이 안 되는 교칙은 언제, 어떤 선택지 중에서, 누가 어떤 논의를 통해, 어떤 근거로 ‘그럼 그걸로 하자!’라고 결정한 걸까? 그리고 왜 그런 불평등한 교칙을 여학생들은 온순한 양처럼 순순히 받아들였지?”

토요일 아침부터 끌려와 졸린 얼굴을 하고 있던 학생들의 키가 15cm 정도 커졌어.

내 질문은 그리 어려운 게 아니야.

앞서 말한 ‘세 단계’에 대한 이야기지.

다른 사람이 내 말을 듣게 하기 위해서는 ‘선택·결정·설득’이라는 세 단계를 반드시 거쳐야 한다는 이야기 말이야.

저출생 시대에 사립학교는 학생 모집에 신경을 쓰니까, 아이들이 ‘그렇게 촌스러운 교복을 입는 학교는 가기 싫어’라고 생각한다면 난처할 거야. 그래서 일류 디자이너에게 부탁해서 세련되고 예쁜 교복으로 바꾸는 학교도 많아. ‘여학생은 학교가 지정한 검은색 양말을 신는다'라는 교칙을 정했을 때도 여러 선택지가 있었을 거야(흰색이라든지, 교복 색깔에 맞춘 파스텔 컬러라든지). 여학생 교복이니 여자 선생님의 의견도 구하려고, 회의는 '교장·교감 선생님과 학년주임 선생님 그리고 여자 선생님'으로 구성되지 않았을까?

하지만 결국엔 교장 선생님의 낡아빠진 감각에서 비롯된 "옛날부터 여학생 양말은 검은색이었습니다"라는 발언에 다른 선생님들이 눈치 보며 말을 아낀 덕에, 여학생은 학교가 지정한 검은색 양말만 신는 것으로 결정되었을 거야. 여학생들 사이에서는 불만이 넘쳐도, 학교는 '지금 당장 싫다는 의견을 내는 학생이나 학부모가 없으니 받아들인 거겠지'라며 안일하게 생각……하고 있을지도 몰라. 그렇지 않을 수도 있지만, 떨떠름함을 느끼면서도 아무도 그 사실관계를 확인하려고 하지 않아.

우린 이미 정치에 휘말려 있다

그리고 지금 이 순간에도 학교나 기업에서 '떨떠름하지만 그냥 받아들이는' 안건들의 공통점은 대부분 이거겠지.

그 규정을 누가 어떤 목적으로 정했는지, 어떻게 하면 규정을 바꿀 수 있는지 모르니까. 애초에 그걸 바꾸자고 해도 바뀔지 전혀 모르겠고, 배운 적도 없거든. 아무도 바꾸려 하지 않고 그저 '정해져 있으니까'라며 받아들이는 것 말고는 다른 생각이 떠오르지 않아.

즉 특별한 이해나 합의도 없이 우리의 몸가짐이나 행동에 대해 '이렇게 해'라는 지시를 받는데도, 그게 특별히 이상하거나 불합리하다고 생각하지 못하게 되어 있다는 거야.

이렇게 **다른 사람에게 해야 할 행동을 지시하고 '남의 말을 듣게 하는 행위'를 정치학에서는 '행위 지정'이라고 해. 이건 중요한 개념 중 하나인 '권력(power)'이라는 강의 항목**이야. 정치학의 장점은 '정치란 권력을 통해 누군가가 이익을 얻도록 타인의 행동을 통제하는 것'이라는 매우 수상쩍은 문장에 대해서도 깊이 살펴본다는 점이야.

"떨떠름하면 확인해보면 되잖아?"라고 학생들에게 말했어.

학생들은 자기는 정치와 아무 상관 없다고 생각할 거야. 하지만 교실에서 일어난 일 또는 교실에는 알려지지 않은 교장

실에서 정해진 일, 우리와 관계가 있는데도 이미 정해져 있는 사안들을 생각해보면 우리는 이미 오래전부터 정치에 휘말려 있어. 그런 의미로 정치는 국회뿐만 아니라 우리 학교, 우리 교실에서도 일어나고 있어.

교칙에 관한 이야기에서 중요한 부분은 '어떤 교칙이 좋은가?'의 문제만이 아니라 '애초에 그런 교칙을 어떤 가치관으로 선택했는지, 누가 어떤 논의와 이유를 가지고 결정했는지 그리고 어떻게 그것을 설득했는지'야. 교칙은 정치학자가 정하지 않아. 그것은 '그것에 영향을 받는 지금의 나(너희)'가 정하는 거야. '교칙을 둘러싼 정치'라는 표현이 점점 뚜렷해지고, 의미도 서서히 명확해졌지.

다만 지금 말한 정치 이야기에 전혀 어울리지 않는 일도 일어나(별로 없긴 하지만). 그건 "왜 여자만 촌스러운 검은색 양말을 신어야 하죠?"라고 물었더니 "새벽에 갑자기 계시가 내려와 그것을 기리는 의식을 했더니, 동쪽 하늘에서 내려온 무녀의 등에서 '검은색'이라는 글자가 보였기 때문입니다!"라는 답이 돌아와 모두 "그렇군요!"라며 엎드려 절을 했다는 설화 속 이야기 같은 일이지.

이 이야기만으로는 선택지가 또 있었는지, 누가 정했는지 (무녀는 인간을 초월한 존재니 결국 누군지 알 수 없어) 불분명해. 이건 '인간이 한' 정치가 아니라 '신이나 자연이 초래한' 주술 이야기야. 정치학적으로 말하면 이건 근대 이전의 '**절대신의 섭리에 의한 질서 부여**'라고 불러야 하겠지. 즉, 세계 질서는 인간이 아니라 인간을 초월한 존재가 만들었다는 바탕을 가진 정치 '신'학이야.

그건 그렇다 치고 촌스러운 검은색 양말 문제는 어떻게든 해결해야 해. 10대에게 옷이나 머리 모양, 소지품이 촌스럽다는 건 치명적이니까. 그래서 이 교칙은 '교장 선생님의 결정'이라는 이유만으로는 해결되지 않고, 어쩌면 일본 소비세 논란(현재 일본은 10%인 소비세의 감세를 두고 여당과 야당이 대립하고 있다-옮긴이)보다 심각해질 수 있어. 학생들에게는 말이야.

정치학에서는 규정과 자신의 관계에 대해 다음과 같은 전제로 인간 사회를 운영하는 것을 '**민주정치(Democracy)**'라고 불러.

사람은 자기 삶이나 생활에 직·간접적으로 영향을 주는 규정이 생

길 때, 그것에 대해 직·간접적으로 자기 의견을 말할 권리를 가진다.

바꿔 말하면, '사람은 자기 삶이나 생활에 영향을 주는 규정이 자기가 모르는 곳에서 결정됐을 때 그 규정을 따르지 않아도 된다'라는 뜻이야. 미국의 위대한 정치학자이자 내 마음의 스승인 로버트 달이 한 말이지.

역시 직접 결정하지 않은 규칙은 '남의 말을 듣는' 느낌이 들어. 주의하지 않으면 "우리는 '요구할 뿐' 교칙 폐지는 선생님·학생·학부모가 다 같이 상의하고 결정하는 거니까요"라는 명분만 남아, 실제로는 위에서 일방적으로 통지하는 것처럼 되고 말아.

'데이트할 때는 부모님께 알린다'라는 교칙은
어떻게 해야 할까?

모의 수업을 사례로 난 "근거나 이유가 없다면 순순히 교칙을 따르는 게 떨떠름하지 않니?"라는 질문을 던져 너희를 자극해왔어. 그러니 지금은 다 같이 '나라면 어떻게 할까?'를 상상하며 실제로 어떻게 하면 좋을지 고민해보자.

이렇게 말하니 게임 필살기 같은 걸 기대하는 사람도 있어 미리 말해두는데, 이건 어디까지나 '이런 방식도 있다'라는 힌트와 함께 구체적인 상상을 도와주는 정도만으로 생각해주길 바라. 이게 정말 잘 될지 말지는 제3장에서 설명할 '어떻게 동료를 만들까?'로 이어져. 일단 그 부분은 제쳐두고, 상상부터 해보자.

모 고등학교 1학년이 됐다고 가정하고, 입학식에서 배부받은 학생 수첩을 읽어보니 이런 수칙이 적혀 있다고 하자.

'휴일에 학교 밖에서 이성을 만날 때는 부모님께 만날 장소와 상대를 알린다.'

요즘 같은 시대에 너희는 바로 "말도 안 돼"라며 웃을 거야. 하지만 1980년대 고등학생이었던 나에겐 이 황당한 일이 추억이고, 한편으로는 이런 황당한 교칙이 이끼가 낄 만큼 오래 방치된 채 여전히 남아 있는 곳도 있어. 이것과 똑같지는 않지만, 꽤 비슷한 교칙도 존재해('포니테일 금지' 같은 거 말이야!). 이야기를 쉽게 이해하기 위해서라도 이런 사례를 생각해보면 앞으로 무엇을 해야 할지 생각할 수 있어. 이 교칙을 본 너희는 어떨까? 반응은 여러 가지야.

- 말도 안 돼. 왜 이런 걸 관리해?

- 난 절대로 이성 교제는 안 하겠지만, 이건 좀 너무하긴 하네.

- 조폭이나 범죄자에게 이용당할 수도 있으니 어느 정도 필요하지 않을까?

- 동성연애는 처음부터 제외야?

대부분은 '이런 거 말도 안 돼'라고 반응할 거야.
그럼, 우리는 어떻게 해야 할까?

그런 법은 없습니다

실은 지금까지 고백하지 못한 중요한 말이 있어. 입 다물고 있어서 미안, 사과할게. 사실은,

거의 모든 학교의 '교칙'은 법률로 제정되지 않았다.

학생의 두발 규제나 교복에 관해 '교칙으로 정하라'라는

법률도 없고, 흔한 '학습 지도안'에도 그런 내용은 한 글자도 적혀 있지 않아. 학교가 교육상 필요하다고 판단될 경우, 그 것이 일반인의 상식으로 판단해서 이해할 수 있는 범위라면 교장 선생님이 알아서 인정할 뿐이지(우리나라의 초·중등교육법 제18조와 고등교육법 제13조의 '학생의 징계'에는 '학교의 장은 교육을 위하여 필요하면 법령과 학칙으로 정하는 바에 따라 학생을 징계할 수 있으며, 징계하려면 학생에게 의견을 진술할 기회를 주는 등 적절한 절차를 거쳐야 한다'라고 규정되어 있다-옮긴이).

지금까지 발생한 교칙과 관련된 재판 판결에서도 대부분 '교장이 정할 수 있는 범위를 너무 넓게 인정했다'라는 주의가 있었고, 애초에 법원이 생각하는 '사회 통념상 합리적이라고 인정되는 범위'도 참 모호해.

이야기가 살짝 어려워진 것 같으니 쉽게 설명할게.

학교 교칙은 법률을 바탕으로 만들어진 게 아니야. 교장 선생님이 '우리 학교 교육 방침에 불평불만을 갖지 않도록 상식선에서 결정하고 그것을 종이에 적어둔 것'에 불과해.

그래서 교칙을 바꾸거나 없애는 걸 '학생의 권리'로 인정하는 일에 대해서는 지금 시스템에서는 논의되지 않지. 역시 그건 교장 선생님의 권한이니까. 하지만 아무리 그래도 '데이트 하려면 부모님께 말씀드려야 한다'라는 교장 선생님의 말씀을 따를 수 없다면, 그걸 없애기 위해서는 교장 선생님께 "정말 말도 안 되는 교칙이에요. 폐지해주세요"라고 부탁하는 게 먼저야. 지금으로서는.

어렵게 "이상하지 않나요?"라는 말을 꺼냈지만, "그건 교장의 권한이다"라는 대답에 '역시 안 되네……'라며 일찌감치 포기해버렸니? 그렇게 간단히 이야기를 끝낼 필요 있어? 다음 이야기가 있어.

타이밍을 바꾸고, 돌아가는 상황을 확인해보자.

학교가 '이성 친구와의 만남은 부모님께 알린다'라는 교칙을 유지하고 있어. 어떻게 하면 좋을까?

말도 안 되는 교칙이니 없애고 싶어요. 지금까지는 '뭐, 이미 결정된 일이니까 어쩔 수 없지'라고 생각했지만, 근거도 없고 이해도 안 되는데 '말하는 걸 듣기만' 해서는 안 되잖아요. 하지만 그건 '교장 선생님께 인정된 권한'이라면서요? 역시 방법 없잖아요. ←이렇게 생각할 수도 있어.

그런데 사실 우리는 앞으로 다양한 시도를 해볼 수 있어.

어른들은 이해해주지 않는다고?

머리에 떠오르는 것들을 메모해보니 이렇게나 많아.

- '어떤 옷을 입을지, 어떤 머리 모양을 할지 등 기본적 인권에 관련된 교칙에 대해 전교 회의에서 대화하고 그것을 바탕으로 재검토를 요구할 수 있다'라는 약정을 만든다(또는 그것을 교장 선생님께 요구하는 절차를 정한다).

- 서명 운동이나 설문조사를 한 후, 이를 토대로 '학생들의 자유가 인정되는 열린 학교라는 점을 어필하지 못하면 친구나 가족에게 우리 학교의 장점을 설득하지 못해요'라며 긍정적인 의미로 학교를 압박한다(하지만 전달할 때는 '열심히 조사한 결과예요! 교장 선생님! 함께 멋진 학교 만들어요!'라고 말할 것).

- 옆 반 친구 아버지가 일간지 기자니까 '황당한 교칙, 지금도 여전해'라는 제목의 기사를 써달라고 한다. 단, 제보한 범인은 찾을 수 없도록 쓰길 부탁한다.

학교라고 그렇게 꽉 막혀 있지는 않아. 교칙 이야기를 꺼내면 그만 버릇처럼 의혹 같은 게 발동해서 '낡아빠진 사고로 어떻게든 학생을 관리하고 통제하기 위해 만든 게 교칙'이라고 생각하기 쉽지. 하지만, 사실 교칙이 생겨난 이유는 여러 가지야.

어떤 교칙은 "우리 애는 이대로 두면 조직폭력배나 쓸모없는 잉여 인간이 될 테니 학교에서 엄하게 가르쳐주세요"라는 부모님의 강력한 요청에 생겨난 걸 수도 있어(우리 부모님은 담임에게 "나쁜 짓 하면 마구 때려주세요"라고 부탁했었지).

그러니까 기상천외한 교칙을 없애거나 바꾸는 편이 "교장 선생님이나 학부모, 저희에게도 모두 윈윈이에요"라고 말한다면 교장 선생님도 찬성할 가능성이 높아질 거야. 왜냐하면 나쁘게 마음먹고 다른 사람을 불행하게 만들려는 선생님은 이 세상에 거의 없을 테니까. 교장 선생님도 '이성 교제는 부모님께 알린다'라는 교칙에 대해 '이걸 사수하면 우리 학교 학생은 분명 훌륭한 사람이 될 거야!'라고 마음속 깊이 생각하지는 않을 거야. '문제를 일으키는 학생이 있는 이상 만만하게 보이면 다른 보호자에게 항의가 들어와' 정도의 마음이겠지.

내가 중학생이던 시절에 비해 지금은 '남자면서', '여자답지 못하게'와 같이 성별을 구분 짓는 말은 허용되지 않아. 그러니 조용하면서 확실하게, 그리고 담담히 전하면 돼.

"젠더 의식이 높아지고 세계 수준에 발맞춰야 하는 시대에, 개인의 프라이버시를 우습게 여기는 시대착오적인 교칙을 이대로 방치한다면 매년 학생 수가 줄어드는 저출생 시대에 학생들이 우리 학교를 선택하는 일은 없을 거예요. 교장 선생님의 생각은 어떠세요?"라고.

모든 학급 위원들이 연대하여 그런 내용의 성명서를 제출한다면 어떻게든 대응해줄 거야. 그걸 무시하는 학교는 더 이상 새로운 시대에 살아남기 힘들 테니까.

다시 말해 '교장 선생님 권한이니 절대 안 돼'라며 포기하고, 어차피 무슨 말을 하든 세상은 달라지지 않을 거라고 단정 지을 필요는 없어. 우리가 해야 할 것은, 교칙을 따라야 한다면 그 내용이 우리의 감각과 동떨어져 있으면 안 된다는 지점에서 시작해 "이상하지 않나요?"라는 목소리를 모으는 거야.

1,000명의 전교생 중에 3명만 불평한다면 문제아가 되겠지만, 600명이 '이런 교칙은 부끄럽다'라는 태도를 보인다면 선생님들도 '다른 학교는 어떻게 하고 있지?'라고 생각하기 시작할 거야. 우리 사회에서는 '요즘엔 이런 느낌이 트렌드'라는 생각이 파고들면 흐름도 빨리 바뀌어. 이것도 같은 패턴이지.

합의가 없으면 약속도 사라진다: 사회계약론

주위와 보조를 맞추려는 힘이 작용하는 곳이 우리 사회라면, 그걸 반대로 이용해야 해. 난 그런 흐름을 만드는 게 훌륭한 정치라고 생각하지. 어쨌든 목적이 꽤 평범하지? 개인을 제대로 존중하지 않고, 학생을 사리 판단이 어려운 유치원생 취급하는 데다가 법률적 근거도 없고, 교장 선생님의 판단에 의해 정해진 것에 불과한 교칙에 "그건 어떤가요?"라며 의견을 묻는 것뿐이니까.

이번엔 반대로 좀 딱딱하게 설명해볼게.

'교칙을 따라야 하는 이유를 명확히 해두길 바란다' 또는 '그런 이해되지 않는 이유로는 교칙을 따를 수 없다'라는 의견을 모두의 '합의'를 통해 교칙을 정할 권한이 있는 사람들에게 전달하는 거야.

정치학에서는 '남의 말을 듣게 하려면 그 이유를 이해할 수 있어야 하며, 규정에 영향을 받는 사람들의 합의와 약속이 필요하다'를 논리적으로 정의한 것을 **사회계약론**이라고 해. '사회'는 '규칙의 영향을 받는 사람들의 집합체'야. '계약'이란 '이해와 합의가 없다면 약속은 사라지므로 잘 부탁할게'라는 뜻이지.

사람이 타인의 말을 순순히 따르기 위해서는 합의가 필요해. '이유도 모호한데 남의 말대로 하는 건 기분 나빠'라고 생각하는 사람도, 귀찮더라도 그 합의에 따라야 해. 만약 '도저히 하고 싶지 않아', '해도 소용없어'라고 생각한다면 안 해도 돼. 하지만 '왜 시키는 대로 해야 하지?'라는 의문과 꺼림칙함은 그대로일 거야.

난 이걸 비꼬지 않고 말했어.

싫으면 하지 마.

하지만 꺼림칙함이 도저히 사라지지 않는다면 해.

중요한 건 '무엇이든 우리가 결정할 수 있다'라는 사실을 확인하는 거야.

좋아하는 이성 친구와 영화를 보거나 카페에 가는 걸 부모님께 보고하는 인생이 답답하다고 여겨진다면, 아예 상관없는 일은 아니겠지?

인생은 딱 한 번이야. 청춘은 짧아.

'다 같이 결정'은 꿈같은 이야기

'함께하는 결정'에 따르는 번거로움

지금까지 불합리하거나 한심하다고 생각되는 일에 귀찮아도 목소리를 모아야 하는 이유를 이야기했어.

그리고 '함께 결정하는 일(합의)'은 익숙해지지 않으면 순서조차 잊어버리고, 그냥 '위에서 시키니까', '교칙이니까', '그렇게 정해져 있으니까'처럼 사람들의 관성에 맞서기 힘들다는 사실도 알았지. 그런데 그거면 될까? 아니야.

또 하나 번거로운 문제가 있거든.

그건 '모두 함께 모여 정한 일은 거의 다 실패한다'라는 문제야.

"이번 ○○회의에서 많은 분이 의견을 내주셨는데, 매우 협조해주신 덕에 ▽▽▽로 '합의'하게 되었습니다"라는 뻔한 대사를 너희는 쏙 흘려듣지는 않았니?

음… '합의했다'라고 했어요.

귀찮겠지만 또 질문할게.

'합의했다'라는 건 어떤 상태를 말할까?

코로나19로 인해 3년 만에 학교 축제를 열기로 했을 때, 너희 반은 뭘 하기로 했어? 선생님의 지도력이 강한 학교라면 아이템을 지정받기도 하지만, 학생의 자주성을 중요시하는 학교라면 "6교시 학급 회의에서 의견 나누고 오늘 중으로 결론 내서 교무실로 보고하러 오도록"이 될지도 몰라. 여하튼 우리 반이 운영할 축제 부스를 여러 가지 아이템 중에 '선택'하고, 착실하게 이유를 설명해서 '결정'한 것을 반 아이들 전원에게 '설득'해야 해. 특히 지금까지 이야기의 흐름에 따른다면 '제대로 된 이유'도 필요하지.

축제 부스의 콘셉트를 '볶음국수와 문어빵 가게'라고 결정한 이유가 단순히 '학교에서 좀 노는 아이의 나이 차 많이 나는 오빠가 그 분야에 인맥이 있기 때문'이라면 어떨까? 모두들 겁에 질려 제대로 참여하지 못할 거야. 그런 협박성 이유는 안 돼. 대신 '솜사탕과 핫도그 가게'를 해도 되겠지만, 왠지 그건 유치원 살림을 보태기 위해 부모님들이 여는 알 수 없는 바자회 같아서 마음이 내키지 않아. 그렇다고 자율적인 축제에서 '안전 체험관 방문기 발표회'를 하는 것도 끌리지 않을 거야. 애당초 반 아이 중에서 학교 축제에 참여하고 싶은 사람이 얼마나 될까?

- 학교 축제는 오랜만이니까 신나는 거 할래. 댄스 배틀 같은 거.

- 볶음국수와 문어빵 가게도 마스크 끼고 시간 짧게 하면 되니까 그런 거 하자.

- 전원이 다 참여할 수도 없고, 어차피 신나는 건 일부 애들뿐이니 더 무난한 걸로 '하는 시늉'만 해도 되지 않아?

- 체육대회도 합창대회도 하기 싫은데 필수 참가였잖아. 학교 축제도 마찬가지지? 이번엔 하고 싶은 애들만 하자. 애초에 왜 '수학 경시대회'는 필수 참가가 아닌 건데? 불공평하지 않아?

- 학원 가야 하니까 되도록 아주 살짝 한 척만 하거나 빠질래.

- 분명 몇 명 없으니 실현될 리는 없지만, 고속열차 vs 특급열차 대결 같은 거 하고 싶다. 춤? 죽었다 깨어나도 못 해.

하지만 이건 마음속 생각이라 실제로 어떤 이야기가 오갔는지는 모르지. 억지로 학급회장이 된 S도 칠판 앞에 서서 될 대로 되라는 심정으로 "의견 없나요?"라며 회의를 시작해. 으음, 반응이 썰렁하군.

처음엔 서로 눈치를 보며 말을 아끼지만, '잘나가는 애', '왠지 목소리도 몸짓도 큰 애'가 이야기를 시작하면서 의견이 조금씩 오가게 되었어. 하지만 자기 발언이 취향을 말하는 건지, 그냥 학생이라 던지는 말인지, '별로 저 아이들의 눈에 들지 말아야지'와 같은 안전 확보를 위한 말인지는 자기 자신도 몰라.

그러면 시간만 흐를 뿐 정해지는 것도 없고 점점 지치면서 학원 가야 한다는 소리가 나오기 시작해. S는 서기에게 칠판에 쓰라고만 할 뿐 회의를 지휘하지 않으니, 이런 식이면 정해지는 건 아무것도 없어.

결정에는 시간제한이 있고 내년까지 장황하게 이야기할 수는 없으니, 어딘가에서 타협을 봐야 해. 하지만 그 타이밍을 아무도 몰라. 애니메이션을 좋아하는 아이들은 '어차피 우리랑은 상관없잖아?' 하는 마음에 교실 뒤편에 모여 잡담을 나누기만 하고.

살짝 열받지만 이럴 때는 역시 목소리가 크고 선생님하고도 자주 장난치는, 가벼워 보여도 꽤 예리한 농구부 여자아이의 이런 제안이 고맙지. "이렇게 맥없이 어떻게 정하려고?

한 가지 일을 다 같이 하는 거잖아. 분식집이랑 공연, 전시로 나누고, 아무것도 참여하지 않는 사람은 도와주는 걸로 하면 어때?"

학급당 부스 하나라니. 반 인원은 너무 많고 선생님이 무슨 말씀을 하실지 모르겠지만, 일단은 시간도 없으니 이 정도에서 투표로 마무리하는 수밖에 없어.

분식집 & 공연·전시	21표
SDGs에 관한 자유 연구 발표회	6표
고속열차 vs 특급열차 선수권 대회	2표
기권·무효	9표
몸이 아파서 조퇴·결석	2표

저녁 6시가 가까워질 때까지 학급 회의가 이어진 바람에 모두 지칠 대로 지쳐, 다들 '이제 뭐든 상관없잖아?'라는 느낌이 풀풀 풍겨. 학급회장은 담임 선생님께 보고하러 가고, 다른 애들은 귀가하기로 해. 집에 가던 중 이렇게 생각하겠지. 진짜 짜증 나!

그리고 왠지 초조한 마음이 들어. 그건 '분식집 & 공연, 전시'로 정하긴 했는데, 이걸로 정했다고 해도 되는 거야?라는 마음이지.

그러니까, 사실 학교 축제에 참여하고 싶지 않은 애들을 포함해 네 명 중 한 명 꼴로 무효표였잖아? '합의'라고 해도, 비율로 따지면 '분식집 & 공연·전시'에 찬성한 사람은 50%를 겨우 넘은 정도야. 절반에 가까운 애들이 '그런 거 하기 싫어'라고 한 거잖아. 그런데도 학급회장은 선생님께 '일단 이런 느낌으로 합의했습니다'라고 보고하러 간 거고.

'의'견이 전혀 '합'해지지 않았잖아.
합의가 아니라 '합의한 것으로 치자'라는 뜻인 거지?
꿈이야, 이거.

'남의 탓으로 돌릴 수 없는' 기분

학급회장으로서 겨우 정해진 합의를 보고하러 가는 S도 괴롭긴 마찬가지야. 결정된 내용에 반 아이들 모두가 수긍하지 않은 부분도 이해가 되니까. 모두 이번 합의를 반기지 않는 듯해. 그래도 의견을 나눈 결과니까 선생님께 알려야지.

'애초에 S가 이야기를 잘 끊고 중재해서 선택지를 만들거나 의견을 재촉해서 분위기를 좋게 만드는 역할을 제대로 하지 않았으니, 회의가 그렇게 된 거야.' 직접 말하지 않아도 지금쯤 반 아이들 각자의 메신저에서 난 분명 욕먹고 있겠지. 그렇다고 '너희 마음대로 하면 되잖아!'라고 화내면 그건 그거대로 시끄러워질 테고, 정말이지 학급 위원이 되면 좋은 게 하나도 없어.

S의 마음은 충분히 이해돼. 그래도 한번 떠올려봐. 그건 이 책 머리말에서 말했던 대전제야.
모두에게 훌륭한 사람은 될 수 없다.

우리는 매사 결정할 때, 특히 그것이 자신의 이익에 직·간접적으로 얽혀 있으면, 말로는 "모두를 위해"라든지 "난 아무거나 상관없는데"라고 해. 하지만 인간은 자신도 눈치채지 못할 만큼 생각보다 자기중심적이야. 정도의 차이는 있겠지만, 대부분 다 그래.

　그도 그럴 것이, 사실 학원이나 과외, 아르바이트 등으로 학교 축제에 참여할 여유가 없는 사람은 ‘쟤만 왜 비협조적이야?’라고 생각될까봐 일단 의욕은 있어 보이고 싶은데, 아무래도 되도록 부담이 적은 쪽이 좋겠지. 그래서 ‘직접 참여하지 않는 사람은 도와주기만 한다’라는 쪽에 표를 던진 거야. 그런 이유로 결정한 거지. 분위기로 1위가 될 만한 것을 추측하고 저거라면 모두가 수긍할 거라는 생각에 투표했어.

　그걸 탓할 수 있을까? 불순하다고 비난할 수 있어?

　여기서는 비난보다 ‘뭐, 그렇지 않아? 평범한 사람이라면’이라고 **결론이 아닌 ‘이야기의 시작’으로** 정리하는 편이 현명해. 인간의 크고 작은 자기중심적인 부분을 비난하기 시작한다면 모두 유죄 판결을 받게 될 테니까.

　그렇다면 이런 결정을 할 수밖에 없는 우리는 잘못된 걸까?

　전혀 아냐.

적당히 자기중심적인 모두가 귀찮다고 생각해도, 속으로는 여러 꿍꿍이가 있어도, 속내를 전부 드러내지 못했더라도, 녹초가 될 때까지 결정을 기다리고 있었기 때문에 그건 잘못된 게 아니라 기특한 거야.

농담하거나 비꼬는 게 아니야. 저마다 다른 우리가, 시간도 제한되고 피곤한 6교시에 불완전한 정보 속에서 이런 답답한 회의를 한 거니 '잘한 일'인 거지.

그리고 그렇게 열심히 한(방법이나 정도는 개인에 따라 다르겠지만) 일에는 제대로 된 칭찬이 따르기 마련이야.

칭찬? 그렇게 칭찬받을 일 안 했는데요.

아니, 했어. 회의하다 지쳐버린 것. 합의는 쉽게 할 수 없다는 사실을 깨달은 것. 그 사실을 깨달은 것만으로도 훌륭해.

그리고 그 결과, 굉장히 중요한 사실을 몸소 체험한 것.

구질구질하고 너덜너덜하고 절레절레하게 되는 결론(합의)이었지만, 이건 우리가 **직접 내린 결정이니 누구의 탓도 할 수 없다**

는 사실 말이야.

이건 다른 표현으로 바꿔보면 '마음을 굳게 먹다', '각오를 단단히 하다'와 같아.

정치학적으로는, **자기결정의 주체로서 당사자성**(특정 사항에 관해 당사자로서 갖는 정체성, 주체성, 주도권을 뜻한다-옮긴이)**을 놓지 않았다**'라는 것이지.

아무리 뜻대로 되지 않았더라도, 아무리 어중간한 결정이라도, 절반 가까운 학생이 찬성하지 않은 구멍이 숭숭 난 합의라도, '스스로 정한 것이니까 그 결정을 책임져야 한다'라는 부분에서 다시 시작해야지.

우리의 결정은 한 번으로 끝나지 않아. 계속 결정하는 게 생활이고, 인생이야. 정말로 결정의 연속이지. 그렇게 질질 끌어왔던 결정은 다음 순간, 다음 결정의 전제가 되고 다음 합의를 위한 자료가 되며, 즉 계속 결정하는 일의 기록이 돼. 종이에 쓰지 않아도 마음에 새겨지지.

그런데 그렇게 칭찬받아도 찜찜함은 남아요.

응?

그러니까 결국 반 아이들 대부분이 효율을 따져 투표한 거잖아요. 그래도 돼요? 진심이 담겨 있지 않잖아요. 사실은 다른 사람이 정해준 거나 다를 바 없지 않나요? 계산이잖아요, 그런 거.

효율을 따지는 게 뭐가 나빠?

반 아이들 한 명 한 명이 자신의 손익과 공동의 손익을 동등하게 고려해서 모두가 긍정적으로 공통의 목적(학교 축제!)을 향하고 즐기는 것. 이것이 훌륭한 학생이 만드는 멋진 학급 연대야.

하지만 각기 다른 사람들이 한자리에 모여 결정하는 거고, 누군가가 다른 사람을 대신해 느끼고, 생각하고, 행동할 수 없으니, 그런 우리에게 '공평하고 현명하며 뜨거운 심장을 가진 청년이 되자!'라는 추상적인 목표는 도움이 안 돼. 이것도 머리말에서 강조했어.

우리에게 도움이 되는 건 왠지 완성도가 떨어진다고 느껴지는 합의를 훌륭한 모범 답안과 비교해 감점해버리는 방식이 아니야. 다음에 무언가를 정할 때는 좀 더 착실하고 성숙한 논의를 거쳐 결정하게 해줄 구체적 기법인 거지.

그러니까 만약 이런 상황(미친 듯이 바쁜 시즌에 진심으로 즐길 수 없는 학교 축제에 참여하게 되었어도 '재는 자기중심적'이라고 낙인찍히지 않도록 어떻게든 넘겨야 하는)에 현실적으로 대응해야 한다면, 말만 번지르르하게 하다 사람들의 마음을 닫게 하거나 완전히 무시하고 교실에서 도망쳐서는 안 돼.

'균형을 잡고 일단 효율을 따져 다수결에 찬성한다'라는 판단은, 캐릭터가 약하고 덩치도 작으며 목소리도 시원찮은 평범한 사람이 교실에서 살아남기 위해 제대로 익혀야 할 방법이야. 비하하지는 마. 살려면 머리를 써야 해.

사람은 여러 조건을 가지고 있으니, 그렇게 해서 호흡과 자세를 정비한다면 충분하다는 말이야.

우린 이것을 '정치'라고 불러. 그걸 누가 비난할 수 있을까?

훌륭한 사람과 나를 비교해 무리하게 반성하고 흉내 낸다 한들 세상은 1mm도 달라지지 않아.

난 앞에서 '훌륭한 주권자가 된다는 목표를 버리자'라고 말했어.

그 이유가 바로 이거야.

만약 호흡을 제대로 고르게 조절하며 살아갈 수 있다면 그것만으로도 대단한 일이야.

우리는 '남의 말 듣기'에서 시작해 규칙이 가진 성질을 살펴본 뒤, 우리가 직접 결정한 것에 대해서는 '남의 탓을 할 수 없다'라는 각오를 다질 수 있었어. 이를 통해 훌륭한 사람이 되기보다는, 호흡을 가다듬고 효율도 적절히 따져가며 살아남는다면 그걸로 충분해.

지금까지의 이야기는 내가 하는 정치학 수업에서 **자치의 기법**'이라는 이름으로 설명되지.

자치는 특별한 누군가가 아니라 자기 자신으로부터 출발하는 거야. 난 아무도 알려주지 않았던 이 부분을 바탕으로 '자치'라는 정치를 너희에게 알려주고 싶었어.

조금이라도 가슴이 뜨거워졌다면 다음 이야기도 쉬워질 거야.

다음 이야기는 여기서 다룬 부분에서 조금 더 거슬러 올라가.

페이지는 넘어가는데 이야기는 거꾸로 거슬러 가는 거지.

괜찮아.

여기까지 잘 따라왔다는 것만으로 너희는 이미 상당히 위대한 사람이 되었을 테니까.

다음은 쓸데없이 함께 의논을 해야 하는 '이유'에 대해 이야기할게.

곰곰이 생각해보면 그 이유는 잘 모르고 있었을 거야.

그럼, 함께 가보자.

왜 '의논'을 해야 할까?

— 논의 · 중립 · 다수결

우리의 의논은 실패한다

'함께' 의논하지 않았잖아!

제1장에서 '아무리 진이 빠져도 남에게 맡기지 않고, 우리가 이루어낸 합의니까 감수한다'라고 해도, '남의 말을 듣는 이유'를 확인하려면 대화를 나누는 수밖에 없다고 했어.

그리고 이야기는 거슬러 올라갈게.

애당초 사람은 왜 '의논'을 하는 걸까?

미안. 페이지는 넘어가는데 이야기는 제자리걸음이네.

우리는 학교에서, 동네에서, 가정에서 "의논해"라는 말을 듣고, "대화가 중요해"라고 배우고, "논의가 필요하지"라는 말을 들어왔어. 그렇게 서로 말을 주고받는 것의 중요성은 왠지 알 듯 말 듯하고 귀찮은 느낌도 들지만, 상대방의 생각을 모르면 곤란하고 속내를 토해내지 않으면 마음속이 무언가로 꽉 막혀버리는 느낌도 들지.

하지만 그런 의견 교환은 '대화(dialogue)'인지, '토론(debate)'인지, '논의(discussion)'인지 세세한 구별 없이 단지 '의논(talk)'이라는 이름으로 여러 가지 행해져왔어(이 책에서는 굳이 구별해가며 설명하지 않을게. 그 전 단계가 일단 중요하거든).

이런 일은 없을까?

중학생 때 여름 방학이 끝나고 "마사토시가 축구부 그만둔대"라는 메시지를 받았어요. 그렇게 축구에 푹 빠져 살더니 왜 갑자기 그만두는 거지?라고 생각하던 참에, 축구부를 지도하는 사카모토 선생님이 "마사토시가 동아리 그만두는 거 너희도 책임 있지 않아? 함께 얘기 좀 해봐"라며 날 선 목소리로 말씀하셨어요. 마사토시가 그만두는 게 우리랑 무슨 상관이 있는지 잘 모르겠지만, 엄마도 "아무래도 함께 의논해보는 편이 낫지 않겠어?"라고 말씀하셨죠. 잘 모르겠어요.

함께 뭘 의논해야 하는데요?

아무튼 금요일 학급 회의 시간이 끝나고 축구부실에 갔더니 3학년 선배들이 모여서 '함께 의논'하고 있었어요. 마사토시가 구석에 있는 접이식 의자에 우두커니 앉아 선배들의 말을 듣고 있었죠. 잘 들어보니 결국은 '함께 의논'하는 게 아니라 마사토시의 기분을 들어주는 게 목적인 듯했어요. 그건 '함께 의논'하는 게 아니잖아요. 듣기만 하는 거잖아요. 게다가 이야기를 듣는다고 해도 뭐가 어떻게 될지 아무도 모르고, 오늘 우리가 여기 모인 이유도 "마사토시가 동아리 그만둔대" 말고는 몰라요. 그래도 함께 의논하죠. 항상 그래요. 뭔가 함께 의논해요. 실제로는 3학년 선배들만 계속 말하는 거지만요.

반 대항 체육대회의 실행위원회가 열리니 각 반에서 두 명씩 실행위원을 뽑아 시청각교실로 모이라고 했어요. 회의가 있는 것 같았죠. 가보니 "고등부 1학년이랑 중등부가 우리 고2 위원회의 지시대로만 움직이는데, 스스로 더 생각하고 움직이도록 해"라는 잔소리를 듣는 시간이었어요. "우리도 계속 도와줄 수는 없으니 알아서 반 대항 체육대회에 대한 의식을 가지도록 해"라는 거죠. 뭐예요, 그게. '함께 의논' 한 게 아니잖아요. 선배 잔소리잖아요. 하지만 함께 의논했다고 해요. 항상 그래요. 뭔가 의논했대요.

이처럼 우리 사회는 아직 '의논'이라는 단어를 분절화하지 않은 상태라 대화를 통해 의견을 주고받는 의미와 목적이 늘 모호한 상태야. 마음을 듣는 것도, 잔소리를 듣 는 것도, 진로 상담에서 싫은 소리를 듣는 것도 모두 '의논'한 거야.

그런데도 학교는 축제에서 뭘 할지 함께 의논해서 결정하는 과정을 요구해. 그러니 각자 의논하는 방법이 다 달라서 결국 모두 허둥지둥대.

우리는 제대로 의견을 나누는 방법을 배운 적도 없어요. 교무실 회의를 문틈으로 살짝 엿보니, 애당초 담임 선생님도 계속 밑에만 쳐다보며 스마트폰을 만지면서 교감 선생님 이야기는 듣는 척만 했어요. 왠지 힘들어 보였죠. 그건 우리도 마찬가지예요. 한쪽에서 일방적으로 말하기만 하고 대부분 그걸로 끝이 나요.

그래서 신문이나 온라인에서 '국회에서 논의를 시작했다'라는 뉴스 제목을 봐도 별 감흥이 없죠. '논의? 협의? 심문? 설교? 불평? 비난?……' 그러다 잊어버려요. 국회에서 논의(?)한다고 해봤자 이미 선거에서 의석수는 결정됐고, 어떤 아저씨가 "찬성하는 분은 자리에서 일어나주십시오!"라고 말하는 장면이 나오면 '응? 이게 의논하는 거야?'라는 느낌이에요.

목적은 '정답 찾기'가 아니다?

그래도 학교 축제에서 뭘 할지 정할 때는, 빨리 집에 가고 싶더라도 일단 다 같이 상의했어요. 이렇게 제각각인 아이들의 의견이 정리될 리가 없다며 절반은 포기했고, 적당히 절반만 타협하며 어정쩡하게 끝났지만, 일단 하기 전보다 진전은 있었으니 완전히 의미 없지는 않았어요. 그래서 충분히 함께 의논하면 제대로 된 결론도 나올 것 같았어요. 그런 예감이 들었죠. 귀찮기는 해도요.

역시 의논은 제대로 해야 해요. '올바른 결론'에 가까워지는 게 목적이잖아요?

그런데 좀 심술궂을지 모르겠지만, 물어보고 싶어. 학문의 세계에서 살아가기로 결심했을 때부터 지금까지 셀 수 없이 많은 논의를 해왔는데, 하면 할수록 의심이 심해지거든.

의논하면 할수록 올바른 결론이나 합의가 나오긴 하는 걸까? 우리는 올바름을 손에 넣기 위한 비결을 '더 제대로 의논한다'라고 애매하게 단정하는 건 아닐까?

만약 더 제대로 의논해서 올바른 결론이 나온다면, 왜 국회에서 정한 법률은 그렇게 엉망인 걸까?(물론 잘 만들어진 법률도 있지만.) 제대로 함께 상의했을 텐데, 왜 코로나19 시기에 야구장에는 3만 명이나 되는 관중이 모였는데도 초등학교 아이들은 '급식 먹을 때 말하지 말 것'이라는 주의를 받는 일들이 벌어진 걸까? 대화 금지가 가져올 결과에 대해 정말 제대로 논의했을까? 했다면 왜 어느 지역의 초등학교에서는 마스크를 벗고 졸업식을 하는데, 다른 대부분 지역의 아이들은 변함없이 칸막이에 숨어 급식을 먹어야 했던 걸까?

어쩌면 제대로 상의해도 올바른 결론은 나오지 않는 게 아닐까?

그런 식으로 생각하게 돼. 그리고 그런 마음이 드는 것도 당연해.

왜냐하면 우리가 함께 상의하거나 논의하는 목적은 '올바른 결론을 내리는 것'이 아니기 때문이야.

다시 한번 말할게.

우리가 의논하는 목적은 '올바른 결론을 내려는 게' 아니야.

그럼 도대체 무엇을 위해 그런 귀찮은 걸 해야 할까?

물론 제대로 논의하거나 상의한다면 '올바른 결론'에 가까워질 가능성이 높아질 수는 있어. 하지만 반드시 그렇게 된다는 보장은 없지. 만약 어떤 의미로 '올바른' 결론이 나왔다면(이 말의 의미는 사람에 따라 달라) 그건 정말 고마운 일이야(이 고마움은 '감사하다'라는 의미라기보다는 '흔치 않다'라는 의미야). 행운이지. 우연이기도 하고. 뜻하지 않은 결과야. 다시 말해 소요된 시간과 나오는 결론의 수준이 비례한다는 법은 없어. 많은 시간을 들인 것에 비해 헤어 나올 수 없는 수렁에 빠지는 때도 있으니까.

그럼, 어떻게 해야 해요?

함께 걸었던 길과 갈림길

우리가 논의하는 목적 중 하나는 우선 '교통정리'를 하는 거지. 온갖 종류의 움직이는 것들(대형 트럭, 승용차, 오토바이, 자전거, 보행자 등)이 교차로에 모이면 정체나 충돌사고 등 손쓸 수 없는 일들이 벌어질 수 있어. 그래서 동서남북 가려는 방향을 질서 있게 배정한 다음 직진 차로와 대기 차로를 신호로 구분하고, 차에 탄 사람과 걷는 사람 그리고 자전거를 탄 사람의 길을 지정해.

마찬가지로 학교도 마음씨가 그리 나쁘지는 않지만 아무래도 무의식적으로 자기중심적이 되는 사람이 모이는 곳이야. 그래서 생각도 제각각이고, 학교 축제에서 하고 싶은 거나 이유도 다 달라. '류타랑 같이 야키소바 만들래'라는 짝사랑하는 마음부터, '멋진 디자인의 열차를 여러 사람에게 알릴래'라는 철도 마니아의 마음, 그리고 '신났으면 좋겠어'부터 '적당히 도와주는 척하며 시간 때울래'까지… 정말이지 모두 사정이 달라.

그래서 사고나 갈등, 나쁜 결과를 초래해 본론이 아닌 부분에서 괜히 에너지를 낭비하지 않도록, 우리는 이야기의 핵심을 파악하기 위해 상호작용을 해야 해. 그러기 위해서 우리는 대화를 할 필요가 있어. 결론을 내리는 건 아직 먼 미래의 이야기야. 처음부터 그렇게 정리하는 건 꽤 번거로운 일이지. 대화가 피곤한 이유도 대체로 이것 때문이야.

우리는 정말 남의 말을 듣지 않아. 토론회에서 발표가 끝나고 사회자가 "질문 있으신 분은 손 들어주세요! 들으셨죠? '질문'입니다! 질문 말고는 삼가세요!"라고 여러 번 주의를 줬는데도 마이크를 잡으면 '연설'을 시작하는 어른들이 있어. 물론 나쁜 뜻은 없어(사회에는 이유도 없이 남의 말을 따르는 사람이 이렇게 많이 있는데도, 정작 대화의 규칙을 알려줄 때는 남의 말을 정말 듣지 않아).

그런데 교통정리에는 '아니, 이제 그 이야기는 끝났다고!' 처럼 브레이크를 거는 것뿐만 아니라 또 하나 매우 중요한 의미가 숨어 있어. 그건,

함께 걸었던 길과 갈라진 길을 확인하는 거야.

의논의 수준을 높이자

의견이란 불완전하고 제한된 정보 아래에서 '대충 이런 거겠지'라며 일단 따로 떼어두는 거야. 예를 들어 '대학 입시에서 시험 점수와 내신 점수 중 어느 쪽이 더 중요할까?'라는 문제에서 각각의 주장에는 이유와 근거가 있지.

시험 쪽을 지지하는 사람의 근거는 '학력은 최신 실력이니,

초반 성적이 좋지 않았던 사람에게는 현재 실력을 보여줄 기회다'라는 거야. 반면, 내신 쪽을 지지하는 사람은 '학교생활기록부에는 생활 태도도 실려 있으니, 이런 것들이 단 한 번의 시험 성적보다 평소 실력을 더 잘 보여줄 수 있다'라고 생각해.

이때 시험 지지파가 "난 단판 승부 스타일이라 늘 감시당하는 듯한 학교생활기록부는 체질적으로 안 맞아"라고 말한다면 "그렇게 몸이 거부해버린다니 방법이 없네요"가 되어 논의는 중단돼.

반대로 단판 승부 체제하에서 꾸준히 착실하게 성적을 올리던 학생이, 하필 시험 당일에 감기에 걸려 정신이 몽롱해지는 바람에 시험을 망친다면? 그 학생은 일 년 이상의 노력이 물거품이 됐다고 느끼며 '세상은 공평하지 않아'라는 생각에 이를지도 몰라.

이럴 땐 어떤 의논이 필요할까?

양쪽 주장에는 나름대로 이유가 있으니 이건 승패를 정하는 방식으로는 잘 정리되지 않을 듯해. 우선 '잘 못하는 과목

이 많으니까 시험에서 한 방을 노려야지'라는 호불호의 판단이나, '시험 날 아침에 지진이 일어날지도 모르니까 내신이 더 낫지 않을까?'라는 걱정 가득한 의견은 배제하자.

지금 해야 할 건 '어디까지 같은 길을 걸어왔는지 = 어떤 부분까지 의견이 같았는지'를 확인하는 거야. 그런 다음에는 '어디부터 다른 길을 가려고 하는지 = 어떤 부분을 둘러싸고 가치 선택이 달라졌는지'를 확인하는 게 더 중요해. 그걸 알면 무엇을 둘러싸고 의견이 갈라지는지가 상의하기 전에 비해 확실히 보일 거야.

내신 지지파도 시험 지지파도 '내가 한 노력을 제대로 공평하게 평가받길 바란다'라는 부분까지는 생각이 같으니, 거기까지는 같은 길을 걸어온 거야.

그런데 '학습 능력은 시간을 들여서 여러 번 시험을 치르고 학습 태도와 의욕 등 여러 자료를 모아 판단하는 편이 공평하다'라는 사고방식과, '그렇게 오랫동안 학교생활기록부에 얽매이면 오히려 제대로 실력을 발휘하지 못하는 사람도 있고, 애초에 학습 태도나 의욕은 지도 선생님의 성향에 따라 달라지는 데다가 열심히 하는 척을 잘하는 학생은 학습 능력이 아니라 연기력을 보여주게 되니 불공평하다'라는 부분에서 길이 갈라졌다는 사실을 알 수 있어.

그러면 이제부터는 '학교생활기록부 vs 단판 승부'의 시시비비를 따질 게 아니라, '과연 학습 의욕과 태도의 정확한 평가는 가능할까?'에 관해 논해야 해. 그리고 거기서 '애당초 학습 능력이란 뭘까?'라는 더없이 중요한 논의(이건 교육계 불멸의 토론 주제일 거야)로 이어져.

그러면 어떻게 될까?

학습 능력 = 반복적인 훈련을 견디는 능력

학습 능력 = 부정기적으로 나타나는 개개인이 가진 '영특함'이나 '순발력'

양쪽이 서 있는 자리가 완전히 달라.

그럼, 그다음은 어떻게 될까?

올바른 결론은 어느 쪽일까?

앞으로는 그 시대, 그 상황, 그 시기를 사는 사람들에게 '무엇이 더 설득력 있는지(쉽게 이해되고, 이치에 맞는지)'를 어느 한 단계에서 확실히 **정해야 하지**. 따라서 시대가 변하고, 상황이 달라지고, 살고 있는 사람들이 바뀌면 설득력 경기의 결과가 달라지는 경우도 생겨. 입시 쪽의 '영특함'이 높이 평가되거나, 반대로 생활기록부 쪽의 '끈기'의 대단함이 더 설득력 있게 주장된다면 판단은 바뀔 수 있어.

다만, 유의미한 논의를 하려면 꼭 해야 할 게 있지.

어떤 길을 따라서 어떤 식으로 함께 걷다가 어떤 곳에서 판단이 갈라졌는지를 **'기록해두는'** 거야.

그걸 대수롭지 않게 여기거나 게을리하면, 다음 세대가 "우리는 국·영·수 외에 할 생각이 없어요"라든지 "노래를 잘하니 좋아하는 학교 보내주세요" 같은 이야기에 대해 교통정리부터 다시 해야 하고, 선인들이 도달한 지점에서 다시 예전 지점으로 돌아가 시작해야 하니 우리가 하는 의논의 성숙도는 높아지지 않아.

정리할게.

우리가 의논하는 목적은 꽉 막힌 길을 교통정리하는 것처럼 함께 걸어온 길과 갈라진 길을 확인하고 그 이유를 파악해 기록하는 거야.

'여기까지는 이 부분에 관해 대립하지 않았어. 같은 마음, 같은 가치관이었던 거야'라고 확인했다면 의견이 다른 상대에 대한 시선이나 생각도 달라질 거야. '그렇게 서로 물고 뜯을 만큼 우리 의견이 다르지는 않잖아'라고.

이렇게 하면 생각과 마음에 균형이 생겨서 '생각은 차갑게, 마음은 뜨겁게'라는 산뜻한 기분이 들 거야. 한 단계 위의 의논을 할 수 있는 조건이 성립한 거지.

왜 이렇게 의논 그 자체만으로는 답을 끌어내기 힘들까?

그건 우리가 모두 치우쳐 있기 때문이야.

잘못 말한 게 아니야. 우린 모두 '치우쳐' 있어.

치우침을 확인하기 위해

행복이라는 기준 — 사람은 모두 편협하다

또 너희를 어지럽게 만들었을지도 모르겠네.

논의를 통해 여러 가지를 정리하고 확인해서 수준을 높이는 거 아니었어요? 편협하면 안 되잖아요!

이런 반응을 보이는 사람도 있을 거야. 지적 성장에 제일 중요한 건 오랜 공부도, 지식 습득을 위한 비결(지름길)도 아니야. 우린 모두 치우쳐 있다는 사실을 받아들이는 거야.

어지럽지. '무슨 말이에요, 그게……?'라는 어정쩡한 느낌이 들 거야.

사람은 모두 편협해.

이걸 생각하기 위해서는 그 반대를 살펴봐야 해. '치우쳐 있다'의 반대말은 '균형이 잡혀 있다' 또는 '중립적이다'가 될 거야.

그럼, 질문이야.

이 세상에 '중립'이라는 건 정말 존재할까?

내가 어렸을 때, 부모 세대는 '남자답다는 건 용감한 것이다'라는 전제하에 "남자라면 이 악물고 버텨라!"라며 항상 남자아이에게 윽박지르곤 했지(그런 세상과 시대에서 교육을 받아 왔으니 어쩔 수 없단다. 너무 비난하지는 말길).

그런데 지금은 내가 중학생 아들에게 "남자답게 행동해야지"라고 말하면 "아빠, 요즘엔 그런 말 하면 안 돼요"라고 대답하는 시대가 됐어. 추정컨대 세대별로 약 5~6% 정도가 이른바 LGBTQ(레즈비언, 게이, 바이섹슈얼, 트렌스젠더, 퀘스쳐닝이라는 다양한 성의 존재 방식)라고 전제되는 시대야. 지금은 어른 세대뿐만 아니라 초등학교 교실에서도 유념해야 하지. 수업에서도 그 부분이 고려되고 있어.

이런 상황이기에 '동성혼(남자와 남자, 여자와 여자의 결혼)'을 법률적 혼인으로 인정해야 할지 말지를 둘러싸고 아직 타협하지 못한 사람들도 있어. 때로 그 대립은 감정 문제로 발전해 서로를 강하게 매도하거나 비난을 동반하기도 하지.

내가 이 문제에 관해 확신을 가지고 말할 수 있는 사실은 하나뿐이야. 그건 '지금 이 순간 열심히 사는 사람들이 최대한의 행복을 손에 쥐고 살아가는 사회가 되길 바란다'라는 거지.

그런데 이 문제는 인류 역사의 무게, 생물학적 이유, 종교적 생각 등 여러 사고방식을 실은 자동차가 오가는 '3차선 교차로'나 마찬가지고, 그중에는 '인생을 걸고 찬성·반대한다'라는 사람들도 있어서 분명 큰 충돌이 발생할 거야. 그리고 이건 '진실은 뭘까?'라는 이야기와는 다른 선택의 문제, 즉 앞에서 설명했듯이 '정치적' 선택의 문제야.

동성혼을 인정한다.
동성혼을 인정하지 않는다.

과연 이 정면으로 대립하는 두 의견에 중립이 있을까?

동성혼을 인정하지 않는 사람들은 '내가 적극적으로 찬성하는 건 아니지만 동성혼을 할 수도 있지'와 같은 어벌쩡한 의견을 받아들이지 않아. 결국 그건 동성혼을 인정하는 셈이 되거든.

"동성혼을 인정하지 않는 사람은 억지로 인정하지 않아도 돼. 인정하는 사람만 인정해도 돼"도 같은 말이야. 인정하지 않는 사람들은 '내가 인정하든 안 하든 사회가 동성혼을 받아들이는 건 절대 반대'이기 때문이지. 그 사람들은 '그건 인간의 도덕에 반하는 행위'라고 강하게 믿으며 그곳에서 빠져나오려고 하지 않아.

이때의 중립적 위치는? 중간은 어딜까? 둘 다 양보할 수 있는 영역은 어디야?

없어.

동성혼을 인정하지 않을 거면 이성혼도 못 하게 해라? 아니지, 그러면 대다수의 가치관에 어긋나버리잖아.

동성혼을 하려는 사람들에게 세금을 추가 징수하자? 당연히 말도 안 되는 소리. 돈을 내지 않으면 행복해질 수 없다는 얼토당토않은 이야기가 돼. 그건 인권을 짓밟는 일이야.

동성혼을 해도 혼인신고는 인정하지 않는 걸로 조용히 지켜본다? 지금 바로 그렇게 문제 해결을 뒤로 미루고 있는 바람에 여러 불편과 불공평이 발생하고 있어. 다시 원점이네.

안 되겠어. 역시 중립은 힘들어.

어느 쪽이 더 수긍할 수 있지?

같은 문제는 인체에 해를 끼치는 방사성 물질을 뿜어내는 원자력 발전에 대해 '이제 그만하자'고 하는 사람들과 '작고 안전하게 만들면 괜찮아'라고 생각하는 사람들 사이에서도 일어나지.

중립 지점을 찾기 위해 지금과 (방사성 물질의 유해성이 완전히 사라지는) 10만 년 후의 중간인 5만 년 후를 선택한다면? 또는 원자력 발전기 50기를 모두 재가동하지 않고 절반인 25기만 남긴다면? 이렇게 하면 중립을 지키는 것이 될까? ……난센스야. 의미가 없어.

이렇게 보니 "의견이 너무 편협해요. 중립을 지켜야죠"라는 말은 정말 제한적인 경우에만 해당되는 듯해. 더 자세히 말하면 "기본적으로 둘 다 괜찮지 않나요?" 같은 가벼운 문제일 때만 가능하다는 사실을 알 수 있어(어린 형제자매간의 다툼 같은 거).

그래서 논의의 목적은 정답 찾기가 아니고 승패 결정도 아니며 '어느 쪽이 더 설득력이 있나?'에 있어. 중립을 찾아 논의하는 건 에너지 낭비야.

논의의 중요한 목적 중 하나는 '어디까지 같은 길을 걸어왔고, 어디서부터 길이 갈라졌는지를 확인한다'임을 깨달았어. 달리 말하면 '갈림길 이후 각자 생각이 어떤 식으로 치우치게 되었는지를 파악하고 기록해둔다'라는 뜻이지. 즉 인간의 생각은 세상 모든 일을 전부 파악하지 않는 이상 모두 치우쳐 있기 때문에(머리말에서 말한 '불완전한 정보'), 기록을 통해 각자의 그 편협한 사고를 이해하는 거야.

논의는 처음부터 모두 편협하다는 걸 전제하고 있어.

그래서 "네 의견은 편협해"라는 말은 '○○이라는 기준을 설정했다면'이라고 덧붙이지 않으면 그다지 의미가 없어. 학급 회의도 마찬가지야. 분위기 파악을 못 하는 아키라가 "난 학교 축제 하는 거 자체가 반대야! 그만두자! 재미도 없잖아!"라고 제안했을 때, 선생님 눈치를 잘 살피는 유이가 "아무리 그래도 그러면 안 되지! 너무 편협해"라고 말해. 이때 "학교 축제는 무슨 일이 있어도 해야 해. 선생님도 그렇게 말씀하셨어"라는 의견이 나온다면 이 또한 아키라 입장에서는 "너야말로 편협한 말 하는 거 아냐?"가 되지. 이런 걸 딱딱한 표현으로 '상대적'이라고 해.

그래서 어떤 의견이 편향되었는지 아닌지를 정하는 건 그 내용이 아니라 **누가 '편향'의 기준을 정하는가?**'라는 게 돼. 그리고 그 문제에서 우위를 점하는 게 정치야. '이 기준으로 생각하렴'이라고 하면서 **자기 말을 듣게 만드는 것**, 바로 그거지.

이 세상은 중립이라고 말할 영역도 입장도 없어. 기준에 따라 얼마든지 변해. 그래서 논의의 목적은, 모두 편협하다는 걸 전제로 어느 쪽의 주장이 사람의 마음을 더 움직이게 만들 수 있는지를 각자가 평가하는 데에 있다는 거야.

'우리는 치우쳐 있다'는 말을 들으니 불안해졌니?

걱정할 필요 없어. 모두 다 그렇거든. 중립 같은 건 없어.

'논파'에 숨겨진 사실

승패와는 다른 차원의 무언가

마구 흩어진 이야기를 '교통정리하고', '갈림길을 확인해 기록하며', '기본적으로 모두가 치우쳐 있다'라는 세 가지 사실을 파악했어. 그러면 이제 요즘 젊은 세대 사이에서 인기 많은, 히로유키 씨였던가?(일본의 기업인이자 인플루언서인 '니시무라 히로유키'를 가리킨다. '논파력'을 주장하며 일본에 '논파' 열풍을 불러일으킨 것으로 유명하다-옮긴이) 아무튼 그 사람이 말한 '논파력'이 뭔지 살펴보도록 하자.

'논파력'이라는 말은 이야기가 과열되어 감정적인 말다툼으로 이어질 때, 혹은 젊은 사람들이 그냥 재미를 위해 자주 쓰다 보니 본래의 뜻이 무엇인지 점점 알 수 없게 됐어.

하지만 히로유키 씨가 말하는 '논파'라는 건 **이야기 내용이나 탄탄한 구성이 아니라 화법, 분위기나 상황 설정으로 다른 사람을 설득하는 것**을 말하지. 논의하는 사람들의 승패를 가리는 건 그들을 보고 있는 진행자나 관객의 느낌 혹은 받아들이는 방식이라는 거야.

그래서 여기서 말하는 '논파', 즉 '논리'를 '파괴'한다는 건 '보고 있는 사람들에게 설득했다는 이미지를 심어주는 것', 그러니까 설득하는 능력이 아니라 분위기를 만들어내는 능력을 말하지. 짜임새 있는 주장이 아니라 '그럴듯한 느낌과 분위기를 연출'하는 이런저런 방법인 거야.

다른 사람을 수긍하게 하려고 여러 궁리를 하는 것 자체는 별로 나쁘지 않아. 수긍하길 바라는 마음을 표현하기 위해 중요한 시점에 아이 콘택트(상대방의 눈을 제대로 바라보는 것)를 할 필요도 있고, 목소리를 키우지 않고 담담하게, 그러다 포인트가 되는 부분에서는 '일부러 목소리를 낮추고 천천히 말하는' 것도 중요한 기술이야(이건 내가 강의실에서 자주 사용하는 기법이야).

그런데 이건 내가 말하고 싶은 논리를 제대로 구축한 다음에 쓸 수 있는 기술이야. 주장이 거짓이거나, 뒷받침할 근거가 없는 짐작이거나, '여러분도 아시다시피'라며 내키는 대로 얼버무리는 선입견이라면 그건 이미 논의도 협의도 아니야.

여기에는 논의를 위한 필수 요건이 없기 때문이지.

그건 '이 대화로 지금까지의 내 선입견이나 사고 구조가 달라질 가능성이 있고', '뛰어난 언변 덕분에 내가 성장할 수 있다'라는 **나와 상대방의 대화에 대한 신뢰야.**

108쪽에서 내가 지적 성장은 현기증을 일으킨다고 말한 이유가 바로 여기로 이어져. 아무도 자기가 가진 고정관념이 흔들리는 걸 바라지 않아. 왜냐하면 그 전제가 무너지면 자기 주장도 흔들릴 거라는 사실을 왠지 모르게 알고 있기 때문이지. 옳다고 믿어왔던 게 부정당하는 현실을 마주하는 건 힘들고 괴로운 일이거든.

하지만 너무 두려워서 그걸 피해 눈을 감으면, 거기서 대화를 하는 사람으로서의 성장과 발전은 멈출 거야. 공포와 마주하지 않으니 당장은 편해도 이후에는 더 무서운 사태, 즉 '막연하고 거칠며 부정확한 고정관념만 강해져서 다른 사람을 설득하지 못하는 말만 하게 되는 상황'이 기다리고 있어.

그래서 지적 성장을 위해서는 '내가 틀렸을 수도 있다'는 겸손한 자세와, 내 생각을 바꿀 가능성이 있는 타인에 대한 존경심이 있어야 해.

내 생각을 흔드는 말을 들으면 '어라?' 할 거야. 그게 현기증이야. 그런데 '그 후'가 중요해. "그런 식의 설명을 들으니 제 시선도 달라지네요"라고 응답하며 내 생각이 틀렸음을 확인하고 인정할 용기가 필요해.

그래서 논의할 때 가장 성장을 방해하고, 논의하는 의미를 빼앗는 말이 바로 이거야. 아픈 곳을 찌르고, 흔들며, 내 의견의 허술함을 깨달았을 때 용기가 없어 뱉어버리는 그 말.

"그건 당신의 감상이죠?"(논파력을 주장한 니시무라 히로유키가 자주 사용했던 말이자 인터넷 밈-옮긴이)

이걸 달리 표현하면 "난 내 주장의 근거를 다시 확인할 생각이 없어요. 그냥 난 그렇게 생각하고, 그건 당신 생각이잖아요? 당신 감상이니까 당신이 진 걸로 하세요. 다른 사람도 그렇게 생각할 거예요”가 되지.

뭐가 두려운 거지? 뭐가 그렇게 무서운 거야?

그리고 역시 궁금해져.

‘당신에게는 타인과의 논의로 자신이 바뀔 수 있다는 전제가 있나요?’

있다면 “그건 당신 감상이죠?”가 아니라 어디까지나 ‘그 주장의 근거’를 질문하도록 되물으면 되는 거야. 상대가 대답하지 못할 만한 분위기로 바꾼 것이, 오히려 자신의 말이 예리한 주장이 될 가능성을 스스로 가둬버린 거 아닐까?

만약 자신이 바뀔 수 있다는 전제가 없다면, 과연 무엇을 위해 다른 사람과 논의하고 있는 걸까?

그리고 가장 물어보고 싶은 말은 이거야.

‘당신은 타인과의 논의에서 무엇을 가장 잃고 싶지 않은 건가요?’

말로 이겨서 뭘 얻으려고?

누군가를 말로 이기거나 논파하는 장면을 보면 통쾌할 수도 있어. 왜냐하면 사람은 자기 마음속에 어떤 초조함이나 욕구불만이 있는지 자신도 정확히 모르기 때문에, 그 초조함을 해소해주는 듯한 상황이나 행동을 보는 것만으로 후련해지기도 하거든. 날 대신해주는 데다 마치 내가 논파를 해서 이기는 듯한 기분이 들 거야.

나도 말다툼을 목격했을 땐(특히 다투는 이들 중 한쪽을 별로 좋아하지 않을 때) 조금 후련해지기도 해. 하지만 돌이켜보면 그건 겨우 10초 정도의 후련함이야. 그 후에는 왠지 허무하고, 서글프고, 찜찜한 말다툼에 가담한 듯한 기분이 엄습하지.

그건 기본적으로는 논의와 아무 상관도 없어.

누가 더 논리적으로 상대방의 주장에 대한 타당성(그렇다고 수긍할 수 있는 성질)을 뛰어넘는 주장을 하는지 겨루는 경기를 '디베이트'라고 해. 이건 외국, 특히 미국 교실에서 실시하는 거야. 디베이트는 어디까지나 자기 논리에 관한 설득력을 높이기 위한 기술 훈련이라 게임과 같은 생각 전환이 필요해.

그래서 때로는 내 생각과 반대되는 입장이 되어 맞붙기도 해.

난 그런 훈련을 반대하지 않아. 실제로 대학 1학년 소수 인원 강의에서는 '지하철에서 화장해도 괜찮은가?'라는 주제로 디베이트를 해본 적이 있지. 열띤 주장이 끝난 직후 "좋아, 이제 찬성과 반대를 바꿔서 다시 한번 해보자!"라고 말했을 때 학생들의 당황한 표정을 보는 건 참 재밌어. "아니, 교수님! 못 해요. 마음에도 없는 소리를 어떻게 해요!"라며 괴로워하길래 "마음에도 없는 소리를 정당한 의견인 양 냉철하게 말하는 훈련이니까 해보자"라고 설명했어. 꽤 잘하더라고.

하지만 이건 기술 훈련이야. 그 안에는 '애당초 왜 의논을 하는 걸까?'라는 생각이 깔려 있어야 해. 나와 타인의 대화에 신뢰가 없으면, 기술은 있어도 마음은 없는 로봇이 목적 없는 승부를 하는 것뿐이지.

이겨? 뭐에 이기는 거야? 이기면 뭘 얻을 수 있지?
진다고? 지면 뭘 잃는데? 잃으면 끝이야? 뭐가?

슬슬 알아차렸을 거야.

논파력은 화법이나 분위기 조성으로 상대방을 불쾌하게 만들면서 나를 바꾸려는 용기를 차단한 겁쟁이의 언쟁을 멋지게 포장한 것에 불과해.

그래도 난 이 말을 쓰는 사람들을 절대 비난하지 않아.

논파력이란 마음이 힘든 사람, 용기가 조금 부족한 사람이 의지하는 (그러므로) '강한 말'이기 때문이야.

하지만 진짜 강한 사람에게 강한 말은 필요 없지. 마음이 힘든 누군가는 논파를 함으로써 무언가를 지켜. 비난하면 안 돼. 그들을 지켜줘야지.

다수결 = 민주주의?
— 다수결은 순간의 온도 같은 것

다수결과 민주주의는 관계가 없다

'말로 이기다'나 '단칼에 거절하다'라는 말을 실제 정치에서 아무렇지 않게 사용하면, 문제 해결을 위한 '선택·결정·설득'이라는 정치의 흐름도 매우 억지스러워지지.

예전에 비하면 지금의 교실에서는 민주주의라는 말을 자주 사용하지 않아. "민주주의가 뭐였더라?"라고 질문하면 멍하니 있다 겨우 "다수결, 뭐 그런 거 아니에요?"라는 궁색한 답변을 내놓지. 그럴 만도 해.

그 질문에 명확하게 답변할 수 있는 어른도 많지는 않아. 얼마 전 너희 부모님 나이대의 사람들이 모인 행사에서 강연을 했는데, 민주주의에 대해 나름대로 자신 있게 설명할 수 있는 어른은 별로 없더라. 아마도 다들 머릿속에 '다수결……?'이라는 말만 스쳐 지나갔을 거야.

중요한 말은 갑자기 하는 게 이 책의 특징 중 하나니까 바로 말할게.

기본적으로 민주주의와 다수결은 거의 관계가 없어.

오해가 많이 쌓여 있는 건 한 번 더 강조해야겠지.

'다수결 ≠ 민주주의'야.

'무슨 말 하는 거야, 이 교수님은?'이라며 황당해하는 친구들도 있을 거야. 하지만 사실이야. 미안해. 이것도 지금까지 일부러 말 안 했어. 사과할게.

예를 들어 앞으로 돌아가 학교 축제 때 운영할 부스를 정하는 학급 회의 내용을 다시 살펴보자. 그 답답했던 분위기와 쉽게 결정되지 않는 데서 오는 초조함, 그리고 짐작도 어려운 상대방의 기분을 배려하느라 진이 다 빠진 그날의 광경 말이야.

'분식집도 하고, 공연이나 전시도 하고, 안 하는 사람은 도와주기만 한다'라는 그 결론은 과반수를 겨우 넘기면서 결정됐어. 그래서 결정됐다고 해도, 절반 가까운 애들이 동의하지 않았기 때문에 '이래도 돼?'라며 뭔가 떨떠름했던 거지. 하지만 한 표라도 더 많았으니 '합의가 성립했는지 어떤지는 매우 의심스러워도 성립한 걸로 하자'가 된 거야. 맞아, 찝찝하고 답답한 결과지.

그 상황에서 반 아이 중 회의 참여도 적극적이고 말주변도 좋은 토오루가 나와서는 "결정된 이상 이제 투덜대지 마! 결정에 불만 있으면 더 노력해서 다수결로 이기든가!"라고 한다면, 너희는 어떤 생각이 들까?

'결정된 이상 방법은 없다'라며 뒤도 돌아보지 말고 갈까?

'결정은 됐지만, 진정한 합의는 이루어지지 않았어'라며 계속 찜찜해할까?

이럴 때 '다수결 ＝ 민주주의'라고 단정 지으면 아무렇지도 않게 이런 말을 내뱉게 돼.

"투표에 이긴 이상 앞으로는 전부 이긴 쪽 마음대로 하는 거야."

"뭐? 그건 좀 억지 아냐?"

"분하면 이기든지. 불평할 자격 없어."

이런 일이 발생하는 거지.

정치학에서는 이 억지 논리를 '다수결 승자에게 하는 통치의 백지 위임'이라고 해. 과반수 이상의 의석을 차지한 정당은 앞으로 의회 운영 시 전부 자기들끼리 결정할 권한을 갖는다는 것과 같은 논리야. '**승자 독식**'이라는 표현도 있어.

어느 6년제 학교에 한 학년당 4개 반이 있고 반마다 40명씩 있다고 치자. 각 학급의 의견을 묻고 24개 모든 반 아이의 답변을 모아 합의를 이루기로 했는데, 수학적으로 40명 중 21명이 찬성하면 전교생 960명 중 504명밖에 찬성하지 않아도 24개 모든 반의 의견이 일치하는 게 돼.

이게 바로 '합의하지 않았는데도 합의한 게 되는' 다수결의 함정이야.

24개 모든 학급의 의견이 일치하니, 운영위원회는 전권을 위임받아 뭐든 원하는 대로 운영할 수 있게 돼. "마음대로 운영해도 되잖아? 다수결이니까, 민주주의니까"라고 말할 가능성도 있어.

하지만 제한된 시간 내에서 '대략 이 정도로 마무리하고, 세세한 의견 차이는 맞춰가보자'라고 생각했던 입장에서는 이게 뭐지? 싶을 거야.

학교 축제 운영 부스 이야기로 돌아가보자. 매우 힘들긴 했어도, 가능한 의견 차이를 남기지 않길 바라는 사람이 많아서 "우리 반은 ○○ 부스를 운영하기로 했습니다"라는 다수결 결과가 나왔어. 하지만 찬성한 사람들이 '이제 전부 다 우리가 원하는 대로 할 수 있어'라고 생각하는 건 아니야.

다수결은 어디까지나 제한된 시간 내에서 **'현재 온도는 몇 ℃인가?'를 측정한 것**일 뿐, 각자의 생각이나 기분은 날씨나 다른 사정에 따라 달라질 수 있어.

그래서 모든 사람의 생각이나 기분을 진짜 제대로 반영하고 싶다면 온도나 풍속, 기압을 되도록 자주 측정하는 게 찜찜함이 덜할 거야. 그렇다고 측정만 하고 있을 순 없어. '확실히 그때 온도는 이 정도였어'라고 기억하면서도, 계속 다른 사람들의 모습을 살피고 말하고 들으면서 최대한 많은 사람의 힘을 모아가는 거야.

학문적 정의는 살짝 제쳐두고, 민주주의를 **'많은 구성원의 능력과 감각을 최대한 모아 혼자서는 할 수 없는 일을 협력해서 하는 방법'**이라고 생각한다면 역시 '다수결 = 합의'라며 대충 마무리하고 '이제부터는 우리 마음대로 하면 되니까'라고 생각하게 돼. 이건 오히려 민주주의에 어긋나는 방식이지.

그런 의미로 민주주의라는 건 정말 성가셔. 시간과 에너지가 많이 들어.

하지만 이 점을 받아들이면 우리가 왜 이 귀찮은 논의를 해야 하는지 알게 될 거야. 왜 논파를 해도 고작 10초만 신나고 마는지, 합의를 이룬다는 게 왜 사실상 쉽지 않다는 건지도 알게 되겠지.

'세상에. 그렇게 성가신 일이라면 됐어. 히로유키 씨랑 토오루에게 맡길래. 그렇게 온도 측정만 하다 또 원래대로 돌아가서 협의하고, 집에 늦게 가고, 그러면 피곤해지고. 어차피 몇 사람은 처음부터 할 마음도 없었는데……' 그렇게 생각할 수 있어.

나도 가끔은 그런 마음이 들어. 교수회의 같은 데서도 가끔은 진짜 피곤해지는 때가 있거든.

분위기가 아니라 의미를 파악한다

하지만 다수결에서 이겼다고 이긴 사람의 독재를 인정해버리면, 나중에 말도 안 되는 일이 발생해도 더 이상 멈추게 할 방법이 없어. 왜냐하면 "다수의 결정에 따르기로 했잖아!"라며 목소리도 크고, 덩치도 좋은 아이가 마구 밀어붙이거든.

너희도 잘 아는 독일의 히틀러가 수상이 되었을 때, 그를 지지하는 나치당이 많은 의석수를 확보하게 되면서 '헌법의 효력을 멈추고, 모든 권한은 히틀러 개인에게 준다'라는 황당한 법이 고작 40분 만에 정해지고 말았어. 이후 독일이 멸망 직전까지 내몰렸던 침략전쟁을 일으켰다는 사실은 역사적으로 유명해. 그런 역사의 교훈을 알고 있는 이상 이 말은 꼭 해야만 해.

다수결은 정치 도구 중 하나지만, 그걸 사용하려면 '무엇을 위해 논의하는지'를 모두가 나름대로 함께 이해하는 게 필요하지.

용기 내서 "그런(히틀러 같은) 한 명의 인간에게 국민의 운명을 맡기면 안 됩니다"라고 말하는 사람에게, 너희는 "그건 당신의 감상이죠?" 같은 말을 할 수 있을까?

이상한 방향으로 결론이 흐를 때, 대부분은 이야기의 핵심이나 주장의 논리가 적절한지를 따지지 않아. 그런 쪽으로 분위기가 흘러가니 거스르기 힘들다거나, 꺼림칙하지만 다른 방법이 없다는 핑계를 대곤 해. 분위기나 흐름을 타는 게 아닌 대화를 나누고 논의하는 것. 귀찮아도 매우 중요한 일이야.

분위기를 파악하라는 게 아냐. 의미를 파악해야지. 말을 하자. 대꾸만 해도 돼.
말을 해보자. 찜찜함이 계속 남더라도.
말하자!

오카다 교수님이 부러워요.

……뭐가?

말씀 잘하시잖아요. 아는 단어도 많으시고요. 많은 사람들 앞에서 의견을 말하실 수 있잖아요. 교수님이니까요.

응, 그렇긴 한데?

전 말을 못해요. 못.한.다.고.요.

그렇지. 사실 그 부분은 아직 다루지 않았어.

지금까지 나온 정치와 민주주의에 관한 책들도 대부분 이 부분을 다루지 않고, 그 직전에서 "말합시다!", "목소리를 높여요!", "주체적인 시민이 됩시다!"라고만 호소하면서 끝나지.

다시 말해 '말하지 못하는 사람들'은 방치한 채 떠나버리는 거야.

그런데 이 책은 달라. '시작하며'에서 말했지?

아직 아무도 시도한 적이 없는 책을 썼다고.

'말을 못한다'라고 했지.

말을 못한다라…… 그래, 말을 못해. 하려면 하지만 잘하지 못하지.

그 사실은 제대로 인정하자. 그리고 분명히 말할게. **말하지 못하는 것 자체는 선악이나 옳고 그름의 문제가 아니야. 억지로 말하**

지 않아도 우선 있는 그대로의 너희 모습을 긍정해야 해.

그렇다고 포기하라는 말이 아니야. 그럴 리가 없잖아.

너희의 설 자리를 '말'로 표현해두자는 거야.

말은 안 해도 생각은 하고 있다

사례 1 내 경험 범위를 벗어났다

학급 회의가 열렸어. 결정할 사항이 있대. 결정에 따라 생활에 지장이 생길 수 있어(학교 축제에 얽매이면 다른 걸 할 수 없지. 동아리, 아르바이트, 집안일 돕기, 자유 시간 등). 그래서 절대 관심을 놓을 순 없어. 되도록 내 상황에 맞는 쪽으로 결정되길 바라지. 그 과정에서 반 분위기가 나빠지면 기분도 우울해져.

그러니까 목소리를 내거나 의견을 말할 동기는 충분해.

하지만 동기가 있는 것과 반 아이들 앞에서 목소리를 내는 일은 달라. 내 의견이 없는 건 아니야. 하지만 "아니, 그건 아니지"라는 말은 못 해. 말하기가 힘들어. 애초에 그건 우리끼리 의논할 수 있는 일이 아니야. 우리의 범위를 넘어서 있어서 무리야.

법이 바뀌면서 만 18세 고3 학생이 유권자가 되어서 투표가 가능해졌어. 투표하는 이상 후보자들을 평가해야지. 웃는 인상이 좋거나 능수능란하게 연설해도, '이 항아리를 사지 않으면 당신 어머니는 병에 걸려 죽습니다'라고 협박하며 돈을 모으는 단체의 멤버라면 곤란해. 그래서 그걸 확인할 수 있는 곳에 가거나, 그런 우려가 있는 사람의 연설 현장에 찾아가 질문해야지. 그건 헌법에 나와 있는 권리라 누구도 방해해서는 안 돼.

그런데 일부 지역에서는 '정치활동을 할 때는 학교에 신고해야 한다'라고 지도 중이야. 이건 헌법 원칙에 따르면 이상한 일이지. 누구에게도 방해받지 않고 자유롭게 행사할 수 있는 권리(정치에 참여할 권리)이고, 스스로 판단해 결정해도 되는 거라 학교의 허락을 받을 의무는 없어. 정말이야(우리나라의 경우, 2025년 서울시교육청은 학생의 참정권 보장을 위해 고등학교 학생생활 규정에서 '정치활동을 하면 징계한다'는 내용을 전면 삭제하도록 했다-옮긴이).

그런데 학교나 교육위원회는 (이젠 그렇게 걱정할 필요가 별로 없을 텐데도) 아직 사회 경험이 없는 만 18세 학생이 과격한 정치활동에 휘말리거나 수상한 단체에 이용당할 위험으로부터 학생들을 보호하려는 마음에 그만 과보호를 하게 돼. 고등학생 유권자를 어떻게 대해야 할지에 관한 경험치가 아직은 적기도 하고.

지역 교육위원회의 '고등학생은 정치활동 시 학교에 신고해야 한다'라는 규정은 헌법 위반이 아닐까?

이 부분에 대한 판단은 애초에 왜 이 세상에 헌법이 존재하는지를 생각하면 그리 어려운 문제는 아닐 거야. 하지만 그런 걸 순서대로 자세히 설명하는 교육이 충분히 이루어지지 않았기 때문에, 현시점에서 이걸 생각하고, 판단하고, 제안하고, 항의하고, 결정하는, 그런 깊은 논의는 현실적으로 상당히 힘든 일이지. 그래서 학생들의 정치활동을 어느 정도까지 허용해도 되는지 학교가 판단하기도 어려워.

학생운동이 빈번했던 시절에는 고등학생도 아무렇지 않게

데모했고, 바리케이드를 만들어 농성도 했으니, 고등학생의 정치활동이라는 건 그렇게 고민할 문제가 아니었어.

하지만 그때와 지금은 상황이나 조건이 완전히 달라졌어. 그렇게 달라진 환경을 무시한 채로 "헌법에 나와 있잖아!"라며 바른 소리를 해봤자 우리 몸은 움직이지 않아. 몸을 움직이게 만드는 요건과 근거가 옛날 고등학생과는 다르기 때문이야.

아무래도 청소년의 입장에서는 "우리의 경험 범위를 넘었으니 그렇게 말할 수도 없고, 주장할 수도 없어요"라고 말하고 싶을 거야. 어쩔 수 없어. 이해해(하지만 '법률적 권리가 있으니 만 18세 학생은 스스로 결정할 수 있다'라는 원칙은 계속 주장할 필요가 있어).

지금까지는 '우리가 쉽게 말하지 못하는 이유'에 대해 비교적 이해하기 쉽게 설명했어. 우리는 그렇게 말하지 못하고, 그렇게 주장하지 못해. 경험이 없으면 권리가 아무리 있다 한들 말하지 못해.

사례 2 어떻게 말해야 할지 모르겠다

말하지 못하는 이유에는 '말하고 싶어도 말하는 방식을 모르겠다'라는 것도 있어. 그냥 자유롭게 말하면 된다는 의견도 있지. 난 기본적으로 청소년끼리 논의할 때는 그렇게 빡빡할 필요가 없다고 생각해. 말하는 방식에 꼬투리가 잡히면 가끔 정말 화가 나고, 보통 제대로 이야기를 듣지 않는 사람이 "그런 식으로 말하면 안 되지"라며 시비를 걸거든. 그래서 일단은 목소리를 내보는 것만으로 충분해.

자유롭게 말하라고 해도, 반에서 인기 많고 말도 잘하는 아이가 맞받아치면 대꾸할 말이 없어요. 저도 모르게 침을 삼켜요. 그 말에 대꾸할 방법을 모르니 그냥 다 귀찮아지고 마음속에서 '쉿' 소리가 들리며 입을 다물게 돼요.

우리는 지금까지 말하는 방식을 제대로 배운 적이 있을까? 정답은 'NO!'야. 초등학생 때부터 지금까지 독해, 글쓰기 등은 배워왔지만, '말하는 방식'에 대해서는 별로 배운 기억이 없지. 물론 배웠을 수도 있지만, 어쩌다 한 번 배워서는 쉽게 익숙해지지 않아. 평소 쓰는 말과 전혀 이어지지 않으니까. 그런 건 형이나 엄마가 수다쟁이거나, 누나랑 말싸움할 때 안 지려고 하다가 술술 말하게 된 경우가 아니면 익숙해지지 않지.

아빠는 스마트폰을 보면서 아침 식사를 하고, 식사를 하며 엄마에게 "점심 메뉴는 뭐야?"라는 시시한 질문을 던져요. 형이랑은 일 년에 손에 꼽을 정도로만 대화를 하고, 각자 자기 스마트폰을 보거나 TV만 보는 등 평소 대화가 별로 없는 집이라 말할 일이 없어요. 친한 친구들도 조용한 편이고, 선생님도 말수가 적고 조용한 아이에게는 별로 말을 안 거는 편이니 '말하는 건 우리의 몫이 아니야'라는 버릇이 생겨버렸어요.

그런 생각을 하는 사람도 많을 거야.

나는 얼마 전까지 초등학교 학부모-교사 협회(PTA)의 회장을 맡았어. 그런데 내가 하기 전까지 회장직을 맡을 사람이 도무지 정해지지 않았었대. 그건 다른 PTA도 같은 상황이었어. 회장이 된 후 한 학부모와 수다를 떨다 알게 된 사실이 있어. 내가 "왜 다들 '부회장은 좋아요! 하지만 회장은 절대 못 해요!'라고 하는 거예요?"라고 묻자 바로 이런 대답이 돌아왔어.

"사람들 앞에서 말해야 하는 건 죽을 만큼 싫거든요."

학급이나 강당처럼 많은 사람들이 듣는 자리에서 말해서 좋았던 기억이 거의 없다면 그런 생각이 드는 것도 당연해. 인간의 몸은 긍정적인 기억이 없으면 도무지 움직이지 않거든. 수치스러웠던 실패의 기억은 오랫동안 인간의 머릿속을 지배하고 몸을 꽁꽁 묶어버리지.

그런데 그건 반대로 '성공 경험과 좋았던 기억이 남아 있다면 해볼 수도 있다'라는 뜻이기도 해. 그걸 어떻게 경험할 수 있을까? 너희 한 사람의 노력만으로는 도저히 해낼 수 없어. '우리를 지켜보며 그런 기분을 느끼게 해줄 어른'이 필요하지. 여기서 할 말도 똑같아.

우리가 제대로 말하지 못하는 이유는 재능이나 유전자 문제보다, 행복한 경험을 할 만한 기회가 없었다는 문제와 선생님의 지도 문제가 더 커. 그러니까 자책할 필요 없어.

나처럼 단어 하나만 주어지면 세 시간은 떠들 수 있는 말 많은 아저씨도, 열 살 때 마음속 깊이 상처를 받은 경험이나 '말하지 못하는' 기분이 이어진 날들을 보냈다면 말수가 적은 대학교수가 됐을지도 몰라. 어떻게 하면 '아, 의외로 잘 말했네. 별로 못하지 않잖아?'라는 생각이 들게 만들 수 있는지가 중요해.

괜찮아. 대학에 입학하기 전까지 "사람들 앞에서 제대로 말해본 경험이 없어요"라고 했던 열아홉 살 학생이, 졸업할 때는 "말이 너무 길어. 요점만 정리해서 말해줘"라는 요청을 받을 정도로 말을 잘하게 된 경우도 흔하니까.

사례 3 말을 '못' 하는 게 아니라 '안' 한다

말하고 싶은 것도 있고, 말하려면 언제든지 준비 가능한 듯한 기분도 들지만, '여러 이유로 말하지 않는 편이 낫겠어'라고 판단할 때도 있지. 말하면 귀찮아지거든. 말할 때마다 정색하고 반박하는 어린애 같은 친구가 있어. 너무 유치원생 수준으로 떠드니 내 말이 통할 리가 없고, 그렇다고 그 친구의 수준에 맞춰 친절하게 설명할 만큼의 애정은 없지. 난 아주 좋은 말을 했다고 생각했는데 친구들은 나를 항상 사차원이라고 놀려서 어떻게 하면 좋을지 모르겠어. 이야기가 명백하게 잘못된 방향으로 흘러가는데 아무도 그걸 눈치채지 못하고, 눈치챈 아이는 신경 쓰기 싫다면서 일부러 가만히 있고, 그러다 내가 멋지게 의견을 말하면 "잘난 척하네"라든가 "나왔다, 저 거만한 표정!"이라며 얼렁뚱땅 넘기는 것도 열받으니 그냥 자는 척해.

사정은 가지각색이야. 말하지 못하는 게 아니라 말하지 '않는' 거지.

그걸 누가 치사하다거나 계산적이라거나 거짓말 같다고 비난할 수 있을까? 못 해.

제1장에서도 같은 말을 했는데, 여기서 말하지 않겠다고 결정한 사람도 역시 대단해. 비꼬는 게 아니야. 새롭게 조명해 보는 거지.

왜냐하면 여러 가지를 고려해 앞을 내다본 후 노력과 결과의 관계를 예상하고, 때에 따라서는 그 일 때문에 괜한 상처를 받거나 쓸데없는 분노로 평정심을 잃는 걸 피할 수 있기 때문이야. 또는 우쭐대던 바보가 언덕길에서 굴러떨어지는 것에 살짝 브레이크를 넣을 수도 있어. 다시 말해 이건 나와 친구들이 함께 살아남기 위한 노력의 일환이야. 어때? 대단하지 않아?

이 세상에서 남을 괴롭히고 귀찮은 일을 강요하는 건 악인뿐만이 아니야. 오히려 대책 없이 선량한 사람이 더 골치가 아프지. 그래서 바른말, 아무도 비판하지 못할 정설이나 정의를 앞세우며 무작정 정면 돌파하려는 아이라면 생각을 좀 해 보길 바라는 거야. 그런 행동이 침묵을 만들어.

오해는 하지 마.

'말할 수 있는데도 일부러 입을 다무는 건' 권하지 않아.

'옳다고 생각해서 말했다'라고 할 만큼 세상은 단순하지 않아. 말하지 못하는 이유 중에는 '말하지 않는 편이 남에게 도움이 된다'는 생각도 포함되어 있어. 그걸 고려하지 않고 제대로 주장할 수 있는 사람이 되자고 설교해봤자 너희는 금세 흥미를 잃을 뿐이야. 어른은 적당히 때가 탔고, 아이는 때가 타지 않았다는 확증도 없는 말을 전제로 만 18세 주권자니까 제대로 주장하라는 순진한 말은 할 수 없어.

정설은 사람에게 상처를 주기도 해. 정설을 말하는 사람도 어쩌면 그게 옳다고 믿으며 말하는 게 아니라 '그런 걸 척척 말하는 나를 사람들에게 보여주고 싶은' 건 아닐까? 그래서 여기서 또 말하고 싶어.

물론 무언가를 생각해서 말한다는 것도 그리 쉬운 일은 아니야. 그건 상황 판단에 따른 문제라고 생각해.

다만 그렇게 생각할 수 있다는 건 나름대로 여유가 있다는 의미일 테니, 만약 약간의 여유가 있다면 고개를 숙이고 땅바닥만 쳐다보며 말하지 않는 친구를 위해 "네가 하려는 말은 이거지?"라며 대타를 서주는 건 어떨까? 물론 타율이 3할도 안 될 때도 있겠지만, 참견하는 걸 너무 두려워하면 우리는 친구와 함께 살아가기 힘들어.

말하지 못하는 이유에도 여러 사정이 있어. 그건 중요한 부분이지. 그러면 어떻게 해야 할까? 이번 장의 목적을 확인하고 스스로 생각해 선택하는 수밖에 없어.

원래 이야기로 돌아갈게.

사람은 무엇을 위해 논의할까?

각자 가진 피할 수 없는 편협함을 확인하고, 땅 위의 갈림길을 이해하고, 그래도 상대의 말 덕분에 나도 달라질 수 있다고 믿으며 함께 문제의 해결 방안을 찾기 위해서야.

하지만 우리는 역시 '말하지 못해'. 아니, '안 해'.

그럼 이제 할 수 있는 건 없지 않아?

아니야, 있어. 아직 있어.

말을 꺼내지 못하는
사람을 위한 정치

열심히 듣는다

말하지 못하면 들으면 돼. '열심히' 듣기만 해도 돼. 그거면 충분해.

네? 그럼, 결국 '말하지 못하는 상태 그대로'인 거 아니에요? 전혀 개선이 안 되잖아요. 늘 그랬듯 입 다물고 있으라는 거예요?

이런, 제대로 읽으렴. 난 '열심히'라고 했어. 그리고 남의 말에 계속 귀를 기울이는 건 절대 쉬운 일이 아니야. 왜냐하면 '그냥' 듣는 게 아니라 '열심히' 듣는 거니까.

'또 무슨 말이야, 저 아저씨는. 교과서도 아닌데 알 수 없는 말은 좀 그만하지'라고 생각했니? 예상했던 반응이야. 왜냐하면 말하는 나조차도 잘 모르는 채로 말하고 있거든. 아니, 그건 아니지. 다시 말할게.

144

난 사람은 머릿속에 말이 없으면 아무것도 생각하지 못한다고 확신을 가지고 말할 수 있어. 이건 불변의 진리야.

사람은 말이 없으면 아무것도 생각할 수 없어.

'말하지 못한다'라고 생각했니? 말하지 못하는 이유는 '머릿속에 말이 없어서'일까? 정말 '머릿속 서랍에 말이 하나도 없어서'일까?

그럴 리 없어.

만약 정말 그렇다면 지금 이런 곳(학교)에 있을 수가 없어. 왜냐하면 여기는 사람이 말하며 살아가는 공간이기 때문이야. 그래서 너희는 말이 없어서 말하지 못하는 게 아니라, 말할 계기나 말한 후에 일어날 일을 견딜 자신이 없어서 말하지 못하게 된 거야.

다시 말해, 너희 머릿속 서랍에 말은 제대로 들어 있어.

단지 그걸 '말이 없다'라고 대충 표현한 것뿐이지. 하지만 말은 분명히 있어. 그걸 깨닫고, 떠올리고, 확인할 수 있는 건 언제일까?

바로 남의 말에 가만히 귀를 기울일 때야.

‘무슨 소리가 들리네. 사람 목소린가?’ 정도로는 안 돼. ‘얘는 도대체 무슨 말을 하고 싶은 거지?’라는 부분을 놓치지 말고, 그 말만큼은 들어서 나쁠 것 없다고 생각하며 열심히 듣는 거야. 그 후에 들려오는 건 말하는 아이의 목소리와 말뿐만이 아니야.

그 말에 반응하는 내 머리와 마음에서 우러나는, ‘내가 하고 싶은 말’이지.

정리해볼게.

말하지 못하겠다면 듣자.

단, ‘열심히’ 듣자.

‘소리를 듣는’ 정도로는 안 돼.

‘얜 뭘 말하고 싶은 거지?’라며 놓치지 말고 듣자.

이상해. **열심히 남의 말을 듣기만 했는데도 내 목소리가 들려.**

‘말하지 못해도’ 할 수 있는 건 있어.

묵묵히 기록한다

말하지 못해. 그런데 '열심히' 듣는 것도 어려워. 왠지 자신이 없어. 그런 생각이 든다면 이제 어떻게 해야 할까? 더 이상 방법이 없으니 여기서 게임은 끝난 걸까?

아니. 아직 남았어.

기록하자.

인간의 대화 중 인상에 남는 내용은 뇌에 저장되지. 하지만 각기 다른 성향을 가진 우리는 기억하고 싶은 것만 기억하는 매우 편협된 사고방식을 익혔기 때문에 신나게 대화한 걸 각자 다른 머릿속 극장에서 상영해버려. 그래서 극단적으로는 인원수만큼이나 다양한 기억들이 각자의 머릿속에서 떠돌아다닐 때도 있어. 그러면 우리가 어디까지 함께였고, 어디부터 길이 갈라졌는지 확인할 수 없어서 논의한 목적도 제대로 달성하지 못해.

"말하지 못해요. 듣기만 하는 것도 잘 못하겠고요"라며 풀이 죽었니?

그럼 쓰는 거야. 글로 기록해보는 거지, 그날 일어난 일들을. 팔꿈치를 조이고 찌르듯 써봐! 침 튀기며 열변을 토하는 사람은 동시에 그날 일어난 일들을 기록하지 못해. 그건 누군가에게 부탁해야지. 나중에 흥분했던 기억을 더듬어 적는데도 '나 엄청 멋진 말 하지 않았어?'라는 자만감이 방해해 부정확한 기록을 남길 때도 많아.

그런 곳에 가면 넌 말도 못 하고 들을 자신도 없지만, 그만큼 누군가를 지지하는 감정에 휩쓸려 좋은 말만 써줄 여유도 없으니, 그날 일어났던 일이나 오고 간 대화를 비교적 정확하게 기록할 수 있어. 그리고 그걸 묵묵히 계속하면 어떤 일이 일어날까?

고마워할 거야.

정말요? 그냥 쓰기만 했잖아요?

내가 보장할게. 반드시 고마워할 거야. 모두에게 "고마워"라는 말을 듣게 될 거야.

우리가 한 논의가 별로 매끄럽게 마무리되지는 못했다는 이유만으로, 그렇게 중구난방 떠든 걸 애들이 다시 떠올리고 싶을 리가 없다고 혼자서 단정 짓지는 않았니? 사실은 그렇지 않아!

파김치가 된 학급회장이 "그럼, 회의 결과 담임한테 보고하고 올게"라고 말하고, 애들은 적당히 가방을 싸기 시작해. 그땐 다들 너무 지쳐서 그날 나눈 대화를 다시 떠올리고 싶다고 생각한 사람은 없어. 나 같아도 그래. 그런데 시간이 지나면 이상하게도 꼭 그때의 일을 다시 떠올리고 싶어 하는 누군가가 나타나. 그럴 때 기록해둔 걸 슬쩍 내밀어보자.

"난 말을 잘 못하는 편이라, 대신 그날 학급 회의 때 나눈 대화를 기록해뒀어. 관심 있는 사람은 나중에 읽어봐. 그날 다들 꽤 좋은 말 많이 했어"라고 말하면서.

고마워할 거야. 단 한 명이라도. 그런 사람은 무조건 있어.

모두가 너를 안아주고 내일부터 반 아이들의 대접이 극적으로 달라지는 일은 없어도, 적어도 주변 친구들은 고맙다고 할 거야. 제각각인 반 아이들 속에서 살아남는 게 버겁다고 생각한다면, 그런 아이 중 몇 명이라도 고마워한다는 건 참 매력적이지 않니?

0인 사람은 1억을 곱해도 0이지만, 그런 사람이 한 명이라도 있다면 1억 배를 곱하면 1억이 돼.

기록한 건 출력해서 선생님께 드리면 선생님도 그걸 보관해두실 거야. 우리가 졸업하고 나이를 먹어가면서 그 기록도 언젠간 사라지겠지. 하지만 '그 아이의 기록은 꽤 도움이 됐어'라며 떠올려줄 친구가 있다면, 그건 우리 사회에 꼭 있어야 하는 감각, 즉 '다 함께 의논할 때 이뤄지는 선택·결정·설득에 관한 기록은 다음 세대의 수준을 높이는 데 필요한 것'이라는 감각을 키우는 일이야.

봐. 있잖아, 할 수 있는 게.

꾸준히 격려하며 고립시키지 않는다

말도 못 해. 듣기만 하는 것도 못 해. 쓰는 것도 힘들어. 그런 사람도 있다고? 이러면 교수님도 이제 포기할 거라고 생각했니?

후후후. 난 나사가 하나 빠져 있어서 중도 포기를 모른단다. 그런 이유로 옛날부터 "이 바보야"라는 말도 자주 들었지. 괜찮아. 바보도 대학교수는 될 수 있어.

아직 할 수 있는 게 남아 있어. 그건 바로,

용기를 가지고 진심을 담아 제대로 의견을 말하는 친구를 격려하는 거야.

격려하는 방법은 여러 가지야. 우리는 이미 오래전부터 남을 격려하는 말과 행동을 해왔어.

"응응(끄덕끄덕)."

"맞는 말이야(작게 속삭이며)."

"잘했어(집에 갈 때 살짝)."

"그거 괜찮은 것 같아(조용히)."

"굉장해(빈정거리지 않고)."

"만약 그렇게 결정되면 나도 도울게(아무렇지 않게)."

그런 식으로 말하기 힘들다면 메신저로 이모티콘이라도 보내자. 아니, 메신저를 주고받을 정도로 친하지 않다면 포스트잇에 '난 응원할게'라고 써서 책상 서랍 속에 넣어둬도 괜찮아("기분 나빠"라는 소리를 들을 우려도 있지만, 받은 친구는 무조건 싫지만은 않을 거야).

의견을 제대로 말했다고 해서 무조건 받아들여진다는 보장은 없어. 반대 의견에 부딪혀 괴로운 입장이 되는 경우도 민주주의 사회에서는 흔하게 일어나. 그렇다고 제대로 의견을 말한 친구를 꼭 이기게 만들자는 게 아니야. 되도록 그 의견이 통하면 좋겠지만, 그렇게 되지 않더라도, 설령 다수결에 지더라도, 의견이 채택되지 않은 친구에게 '의견을 낸 게 헛수고는 아니었어'라는 마음을 얼마나 남길 수 있는지가 중요해. 그러니까 표현해주면 좋아. 반 아이들 앞에서는 말 못 해도 살짝 전할 수만 있으면 돼.

"아쉽지? 그래도 난 네가 제시한 의견 좋다고 생각해"라고 말이야.

인간 사회는 어느 쪽이 다수파이고 어느 쪽이 소수파인지가 명확해지면 대부분의 사람이 다수파를 따라가려고 해. 그래서 아무리 맞는 말이라도 다수파의 약점을 찌르는 주장을 하면 고립될 수도 있어.

고립은 신념을 가지고 의견을 말할 때 붙는 수수료 같은 거야. 그래서 마음 단단히 먹고 자신을 지탱하는 게 중요한데, 사람은 그렇게 강하지 않지. 그래서 풀이 죽어. 그래도 기왕 힘과 용기와 신념이 앞으로 계속 우리에게 도움이 되길 바란다면, 역시 '그렇게 생각한 건 너뿐만이 아니야'라는 마음을 전하는 게 중요해.

전에도 말했지? 민주주의는 온도 측정을 반복해서 하는 과정과 같다고. '우리 의견이 전혀 쓸모없지는 않아'라는 기분은 다음 결정에서 분명 좋은 결과를 가져올 거야.

그렇다고 꼭 항상 응원해야 할 필요는 없어.
하지만 풀이 죽은 상태로 고립시키는 건 피하는 게 좋지.
그래서 격려하자는 거야.

손 들고 당당히 의견을 말하기는 힘들어.

남의 말에 귀를 기울이며 내 마음속 목소리를 듣는 것도 잘 못해.

대화를 묵묵히 기록할 열정도 없어.

그래서 별로 긍정적인 응원이나 지지도 못하겠어.

그럴 땐 난 도움이 안 되는 사람이라고만 생각하지 말고, 그들을 고립시키지 않도록 내가 그 상황에서 할 수 있는 행동을 하면 돼.

그것만으로 사람들이 논의하는 목적에 공헌할 수 있어. 소박하지만 그런 사람이 많이 있어서 우리 사회에서 정치가 작용하고 있는 거니까.

다음 이야기도 근본적인 이야기야. 이제 이 패턴에 익숙해졌지?

애당초 다른 아이를 왜 그렇게 격려해야 할까? 친한 친구도 아닌데 말이야.

동료를 만든다는 것

— 대립 · 지지 · 연대

친구보다 '동료'를

필요한 건 단짝이 아니다

의견을 당당하게 말하지도 못하고, 열심히 듣는데도 내 마음속 목소리가 별로 들리지 않으며, 기록 담당이 될 자신도 없어. 그러면 역시 긍정적인 도움을 주기 힘들겠지. 이런 식으로 생각하는 사람도 있을 거야. 그래서 문득 궁금해져. "격려하자"라는 말의 의미가.

왜 그런 격려를 해요? 단짝도 아닌데.

맞아. 나 자신은 별로 친하지도 않은 친구를 격려해줄 만큼 기특한 사람이 아니라고 생각할 수도 있어. 그렇다면 머리말에서 확인한 대전제 중 '우리는 모두 작고 나약하다'라는 문장을 떠올려보겠니?

사람은 최대한 스스로 판단하며 살아가는 게 낫다고 해도, 이 거대한 경제 체제와 지구 환경 조건 속에서 원자 단위 정도밖에 안 되는 개인이 할 수 있는 건 거의 없어. 그리고 그건 사회나 세계라는 거대한 규모에서의 이야기만이 아니야. 여러 명이 한 반으로 묶인 학교 교실 안에서의 사정도 같아.

그런 조건 아래에서 무언가를 한다면 아무래도 협력 관계가 필요할 거야. 학교 축제에서 분식집 하나를 열어도 여러 가지 역할이 있고, 공연이나 전시를 해도 음향, 관객 입장 순서, 의자나 비품 소독 등 신경 쓸 게 많을뿐더러 관객이 많이 몰리면 사람이 더 필요해.

그 전에 축제에서 할 것을 정할 때도, 최대한 많은 사람의 희망 사항이나 요청을 접수하고 각자의 사기를 끌어올리지 않으면 애초에 재미도 없어. 그래서 반 아이들 중 '어떻게든 도망치고 싶어서 기권 표를 던질 아이' 빼고 내가 밀고 있는 아이디어에 표를 줄 아이를 늘려야 해. 그러기 위해서는 학급 회의 전에 미리 이야기를 해둘 필요도 있어.

즉 우리는 무언가를 '정하기 전', '정하는 순간', '정한 것을 실행하는 동안'에 걸쳐 크고 작은 협력이 필요하지.

아니, 옆 반은 혼자서 뭐든 다 해내는 실질적 리더가 있는

데, 그 아이가 뭐든 다 정리하고 성격도 좋아서 반 아이들이 하나로 똘똘 뭉쳤다고?

행운이야. 그런 단독플레이가 성공하는 경우는 매우 드물어. 대체로 그렇게 정면 돌파를 하면 반드시 어딘가에 가로막히거나 '모난 돌이 정 맞기' 마련이지. 하는 말이나 행동이 아무리 바르고 뛰어나도, 정면 돌파는 그만큼 위험한 요소도 많아.

그럴 때 "결과적으로는 우리 주장이 받아들여지지 않고 최악의 아이디어가 채택됐더라도, 그 아이가 총대를 메고 '쾅' 하고 부딪쳤기 때문에 깔끔하게 질 수 있었던 거 아냐?"라는 말도 곤란해.

왜냐하면 정치에서는 얼마나 열심히 했는지, 얼마나 열정적이었는지, 어떤 마음가짐을 가졌는지는 전혀 상관없기 때문이야. '얼마나 진심으로 잘 싸웠는지'가 중요한 게 아니야. 정치에서는 '결과'가 전부고, 돌파하지 못한 아이는 실패와 전혀 상관없다고 할 수 없어. 독일의 슈퍼 학자인 막스 베버 대선생은 '정치는 결과를 책임지는 게 전부'라고 했어. 정치학과 학생이라면 거의 다 이걸 배우지.

만약 장렬하게 패배한 아이가 작전 변경 같은 고민은 전혀 하지 않고 "또 해보자. 그 방법밖에 없어. 계속 진대도 말이야"라며 잘못된 고집을 부리고 있다면, 아무리 좋은 아이라 해도 그 친구와의 협력 관계는 다시 생각해봐야 해. '무슨 일이 있어도 우리는 친구니까'라고 생각할 필요도 없어. 왜냐하면 정치에서의 협력은 '비록 친구지만, 어떤 결점 때문에 우리의 목표가 이루어지지 않는다는 걸 깨달았다면 다른 사람과 협력 관계를 만드는 것도 가능하다'라는 냉철한 결정도 포함하고 있기 때문이야.

너무해요. 그건 배신이잖아요.
협력 관계의 신뢰가 사라진 거 아니에요?

그렇게 느낄 수도 있어. 아니, 그럴지도 모르지.

그런데 또 하나 기억해둬야 할 게 있어. 그건 깊이 생각하지 않고 애매하게 사용해온 '친구'라는 말을 분절화하는 거야.

집에 돌아오는 길에 우연히 만나 함께 걷던 같은 반 아이를 보고 부모님은 가끔 이런 질문을 해. "어머, 친구니?"라고.

그럴 때 우리는 '딱히. 친구는 맞는데 친구는 아니랄까, 애 매하네'라고 생각해. 이미 알고 있는 거야. '친구 100명 만들 기' 같은 건 의미가 없다는 사실을.

친구 관계의 스펙트럼

애당초 우리 교육에서는 '모두 사이좋게 지내요'라는 난도 높은 지도가 이미 유치원 때부터 줄곧 이루어지고 있고, 대 부분의 교육자들도 무심코 그걸 출발선으로 삼고 있어. 하지 만 우리가 현실에서 마주하는 사람들은 사이가 좋거나 나쁘 고, 관심이 있거나 없고, 이익을 주거나 손해를 입히는 등 참 다양해. 그래서 사이가 틀어지거나 말다툼 또는 싸움이 생기 면, 서로를 궁지에 밀어붙여 허무하게 추락하기 전 어떻게든 크게 다치지 않도록 안전하게 착지시켜야 해. 다시 말해 이익 이나 관심(정치학에서는 이걸 'interest'라고 하지)을 조절하는 거야. 우리만의 방식으로.

그렇게 생각하니 '친구'라는 뭉뚱그려진 단어로만 말하면 이것저것 다 짬뽕이 돼버려서 설득력 있는 이야기가 되지 않 아. 어떤 사람이 정치적으로 협력자가 될 수 있는지, '친구'와

'모르는 사람' 사이에 존재하는 넓고 다양한 중간 영역을 세세하게 나눠서 생각해보면 어떨까?

친밀한 사람: 가족이나('가족이야말로 가장 마음이 안 통해'라는 흔한 사례는 일단 제쳐두고) 연인처럼 '거리가 0m'인 사람이야. 이런 사람이 있는 인생은 정말 행운이지. 하지만 거리가 가까운 만큼 귀찮은 정도도 남달라. 참고로 그런 사람이 없어도 인생은 충분히 행복해질 수 있어.

단짝 친구: 이런 친구가 있다면 정말 고마운 일이야. 그 친구가 어떠한 사회적·도덕적 기준에서 '결점'이나 '약점'을 가지고 있다는 걸 알면서도, 그것마저도 감수하고 친구라며 감싸는 관계라고 할 수 있지. 예를 들어 친구에게 "어머니가 걱정하시니까 도박은 더 이상 그만해. 돈 안 빌려줄 거야. 이제 그만둬"라고 이미 수십 번 말했어. 그런데 친구는 또 도박으로 300만 원이나 되는 빚을 지고도 "아니, 이번엔 진짜야! 느낌이 왔다고! 두 배로 갚을게!"라고 해. 정말 답이 안 나오는 친구야. 그래도 "이젠 친구 아냐"라는 말은 도저히 안 나와.

내 소중한 친구니까.

친구: '잘못해도 용서'하는 정도의 애정은 없어도 내 허용 범위에 아슬아슬하게 닿아 있는, 평범하고 상식 있고 매력적인 친구야. 서로 손익을 따지지 않을 때는 좋은 관계인데, 예를 들어 '남친/여친을 빼앗거나 빼앗기는' 일이 생기면 결국 쉽게 브레이크가 걸려버리지.

동료: 같은 목적을 가지고 있지만 각자의 사생활에 대해서는 별로 간섭하지 않고, 목적 달성을 위해 필요한 범위 내에서 나를 드러내며 내가 상대를 위협할 만한 존재가 아니라는 것을 보여주는 관계야. 이를테면 같은 취미 동아리 멤버로 '부모님이 무슨 일을 하시는지'는 모르지만, '좋아하는 애니메이션 성우'에 관한 이야기는 계속할 수 있는 진정한 동료. 하지만 집에는 놀러 오지 않아.

반 친구: 학교에 의해 어쩌다 같은 교실에 툭 던져진, 크고 작은 재미난 일과 크고 작은 스트레스를 만들어내는 학급 구

성원이야. 인원수가 많아질수록 거의 모든 성향의 아이가 있는 듯한 이 학교의 샘플 집단이라 할 수 있지. 관계는 천차만별인데 이래저래 하나로 뭉칠 일은 전혀 없을 것 같고, 왠지 느슨한 피라미드 같은 느낌으로 각자 무리를 이뤄. 선생님도 그걸 알고 이용해.

아는 아이: 이름이나 얼굴만 아는, 아니면 둘 다 아는 관계이긴 하지만 기본적으로는 잘 모르는 아이. 같은 학교에 다니면 학교생활을 하면서 대부분이 '아는 아이'가 될 테지만, 그 정도의 관계일 뿐 사이는 좋지도 나쁘지도 않아. 더 친해지고 싶다면 노력하면 되는데 이대로도 크게 상관없고, 애당초 그렇게 다양한 친구를 만들 시간이나 마음의 여유도 없어. 그래도 앞으로 어떤 관계가 될지 모르니까 아는 사이인 것만으로도 가끔은 고마워.

모르는 아이: 말 그대로야. 하지만 아는 아이와 마찬가지로 나중에 어떤 관계든 될 가능성이 있고, 졸업 후 사회에 나갔을 때 같은 사회의 구성원이 될 가능성이 있는 사람이지. 너

희가 앞으로 인생에서 불합리한 상황에 직면했을 때, 얼굴은 몰라도 그 이야기를 듣고 "그건 아니지. 남 일 같지 않네"라고 말해줄지도 모르는 사람이야. 모든 사람은 그렇게 될 수 있는데, 여기서 중요한 건 '만난 적이 없는데도' 그렇게 생각해준다는 '신뢰'가 있다는 거지. 이런 사람을 '시민'이라고 불러도 될 것 같아.

자, 지금 말한 일곱 가지의 관계 중 교실이나 학교에서 무언가를 의논하거나 실행할 때 도움을 요청할 만한 사람은 누굴까? 친밀한 관계부터 순서대로 하면 현실적으로 반 친구 정도까지는 가능할 테지만, 그 외의 사람들은 너무 서먹해서 도움을 요청하려면 나름의 각오가 필요해.

그런데 너희가 놓치기 쉬운 부분이 있어. 관계에는 이렇게 넓은 영역이 있는데, 무언가를 결정하고 실행하는 것에 관해 꼭 맨 처음의 친밀한 몇 가지 관계여야만 한다는 법은 없어. 별로 가깝지는 않지만 서로 어떻게든 윈윈할 수 있는 관계라면, "이번에만 좀 도와주지 않을래?"라고 말할 수 있는 상대는 의외로 많아.

'친한 사이가 아니면 부탁하기 힘들어'라며 겁낼 수도 있지만, 오히려 친하지 않아서 나중에 귀찮아지는 일도 없고, "아니야, 힘들면 괜찮아. 신경 쓰지 마"로 끝낼 수 있다면 오히려 더 깔끔하지. 엄청 친한 사이가 아니라면 말할 수 없는 일들만 일어나는 세상은 가족이나 연인, 단짝 친구 등 매우 좁은 관계만으로 가득할 거야. 그것도 꽤 숨 막히지 않니?

마음이 통하지 않아도 도움은 줄 수 있다

그래도 친하지 않은 사람과의 협력은 힘들지 않을까?라는 의심과 불안은 여전할 거야. 그렇게 생각하는 건 너희뿐만 아니라 우리 어른들도 마찬가지야. 사람은 나이가 들어도 인간관계로 끊임없이 고민하지. 회사를 그만두는 대부분의 이유는 인간관계야. 제1장에서 확인했듯 사람이 모이는 곳에는 다양한 관계가 형성되고, 거기서 생긴 답답함과 불편함이 심해져 몸에도 영향을 미치면 학교나 회사에 갈 수 없게 되는 일도 생겨.

그때 많이 빠지게 되는 곳이 **'저 사람과 잘 지내지 못한 건 내가 잘못했기 때문'**이라는 착각의 늪이야. 내 마음가짐이 잘못돼서 생긴 일이라며 더욱더 자신감을 잃어버리고, 난 못된 마음을 가졌다며 멋대로 짐작하고 마음의 문을 닫아버리지.

인간관계는 서로의 조합으로 정해지는 것이기 때문에, 아리사와 나의 관계는 쇼코와 나의 관계랑 완전히 달라. 아리사가 보는 나는 밝고 재치 있고 살짝 장난꾸러기이지만, 쇼코랑 대화할 때의 난 약간은 신경질적이고 깐깐하며 참견이 많지. 같은 '나'인데도 다른 사람 같아. 그걸 통해 우리는 다음과 같은 사실을 알 수 있어.

난 분명 여기 있지만, 내가 생각하는 '나'는 아리사와 쇼코가 보는 '나'와 전혀 다르고, 두 사람이 보는 내 모습은 달라지기도 해. '나'의 모습은 친구가 보는 인상에 따라 몇 종류나 되는 거야.

내 모습은 나 혼자 만드는 게 아니야.

에드문트 후설이라는 철학자가 이런 말을 했어. 인간관계가 잘 풀리지 않는 건 **'나라는 존재가 한심해서'**가 아니라 **'어쩌다 그렇게 돼버린 관계'**에 불과하다고. 관계를 회복하려고 노력하다

가 오히려 더 나빠지기도 하고, '내 탓이 아닌데'라며 풀 죽어
있다 보면 상대의 시선이 달라져 특별한 노력을 하지 않아도
다시 사이가 좋아지기도 해.

그래서 우리가 해야 할 건 티격태격하면 하는 대로, 왠지
무겁다고 느껴지면 무거운 대로 두는 것. 전부 다 이해하자
는 것도, 뼛속부터 인간 개조를 하자는 것도 아니야. 그런 건
무리니까 안 해도 돼.

우리를 고개 숙이게 만드는 '인성교육'

그런데 학교라는 곳은 옛날 말로 '읽고 쓰고 셈하기'뿐만
아니라 아이들의 생활 전반까지 돌본다는 의무도 짊어지고
있어. 그래서 예전부터 선생님들은 학생들 사이에 발생하는
문제들을 없애기 위해 '인성교육'이라는 걸 계속해오고 있
어. 학교는 학문과 사회적 역할을 배우는 곳 외에도 다 함께
생활하는 공동체이며, 교실은 그 거실로 여겨지기도 하지.

하지만 때로는 그 방식이 학생들을 궁지에 몰아넣기도 해.
10대의 삶은 몸과 마음이 자라는 속도가 달라 자기도 모르
게 화가 나기도 해. 그건 마음이 불순하고, 비겁하고, 나약하

고, 꼬여 있어서 일어나는 게 아니야. '뭐지? 이 마구 붕 뜨는 느낌은?'이라는, 인간이 자립할 때 결코 피할 수 없는 고통 중 하나야.

이럴 때 '인성을 교육하자'는 접근은 뜻대로 되지 못해. 자기 마음 때문이라며 학생이 자신을 탓하는 쪽으로 작용하고 말기 때문이야. 불안하고 파괴적이며 주변이 다 짜증 나는 감정이 생기는 시기가 '마음이 불안정한 상태'라고 생각되기 쉬우니까 말이야. 그리고 불안정한 상태를 정상적으로 만드는 게 교육이니, 성실한 선생님은 아이들이 불안한 이유가 자신의 교육이 부족했기 때문이라며 자꾸만 조급해져. 그래서 선생님과 학생 모두 괴로워지지.

물론 유소년기의 경험이 사춘기에 영향을 주기도 해. 그러니까 나쁜 컨디션은 절대 방치하면 안 돼. 하지만 친구 관계나 협력 관계를 해결할 때 학교로부터 "그건 마음가짐 문제야"라는 말을 계속 듣는다면, 우리는 자신을 제대로 긍정할 정신적 기반을 만들 수 없어. 애초에 '언제나 정상적인 마음' 같은 건 뜬구름 잡는 거나 마찬가지거든.

선생님들은 애정을 가지고 "이번 중2 아이들은 괜찮네요.

정말 차분해요"라고 해. '말썽 피우지도 않고 학급 붕괴도 없으니 완전히 정상이야. 1학년 때 했던 인성교육이 효과가 있나봐'라고 생각할지도 몰라. 하지만 차분하다는 건 '멈춰 있다'는 것일 수도 있고, 마음에 상처를 받아 멍하니 있는 것일 수도 있어. 코로나19로 모든 행사가 중지되면서 사춘기의 기본 욕구가 성장하지 못하게 된 걸 수도 있고.

그런데도 성실한 너희는 문제의 원인을 무조건 자기 마음 탓으로 돌려. 그건 너희가 자립한 어른으로 향하는 길에 방해가 돼. 스스로를 긍정하며 평범하게 할 수 있는 것을 하기 위한 자신감이 뿌리째 흔들리는 거야.

관계를 만든다.

도움을 받는다.

상대의 능력을 끌어낸다.

의견은 달라도 우린 같은 입장임을 표현한다.

너에 대해서는 모르는 게 많지만, 이 부분에서 공감하고 있다고 확인한다.

'이러한 것들을 실현하려면 올바른 인성이어야 한다'라는 완전히 어긋난 고정관념으로는, '다툼이 완전히 사라진 꿈나라'라는 절대 이뤄질 수 없는 곳만을 좇다가 더 중요한 걸 놓치게 되지.

다툼의 원인을 파악하는 것도 중요하지만, 사람이 자기중심적인 이상 문제는 해결되지 않아. 그러니 지금 해야 할 건 **문제가 대참사로 이어지지 않도록 정해진 틀 안에 떨어뜨려 우리의 범위를 넘어서지 않게 만드는 거야.**

이 책은 살짝 미숙하고 어리지만, 그렇다고 어린이는 아닌 사람들을 위한 것이야. 그렇게 어린 나이에, 다른 사람과 잘 지내지 못하는 게 오로지 자기 마음가짐의 문제라고 단정 지으며 무력함에 갇혀 사는 건 너무 안타까워.

그래서 우선은, 관계를 맺는 방법은 다양하니 그 방법에 따라 제대로 대화를 나누면 된다고 생각했으면 해. 여하튼 대립을 없앤다는 건 어른도 성공하기 힘들고 너무나도 난이도가 높은 일이니, 대신 **대립이나 다툼과 잘 어울려 살아가자**고 말하고 싶어.

그리고 너희의 숨겨진 능력을 발휘하는 방법은 항상 같아.

제대로 이야기를 나누는 거야.

대립을 두려워 말고,
무작정 싸우지 말자

우리의 의견이 맞지 않는 여러 가지 이유

앞에서, 친구 사이는 세세하게 나눠지고 관계도 여러 가지라 꼭 순도 높은 관계가 아니어도 괜찮다고 이야기했어. '친구 100명 만들기' 같은 건 내버려두어도 되고, 친한 친구가 없어도 한심하다고 생각할 필요가 전혀 없다는 사실을 깨달았을 거야. 그리고 대화가 뜻대로 되지 않더라도 그걸 내 마음 탓이라고 할 필요도 없어. **의견이 맞지 않는 건 누구의 책임도 아니야.**

'사고방식의 출발'이 맞지 않는다 : 학교 축제를 지금까지 계속해왔고, 하면 재미있을 것 같아서 참여하면 좋겠다는 출발선에 선 사람도 있지만, 이미 여기서부터 맞지 않는 사람도 있어. 도대체 무슨 목적으로 학교 축제에 참여해야 하는지 의견을 나눠본 적도 없고, 그 즐거움을 느껴본 적도 없지. 그냥 '계속해왔으니까' 따랐을 뿐이야. 부담도 크고, 목적도 불분명한 활동은 하고 싶지 않아. 이미 거기서부터 맞지 않아.

'목적은 같아도 방법이' 맞지 않는다: 공부와는 별개로 창의적인 활동을 통해 내 가능성을 시험해보고 싶어. 그러기 위한 무대라고 생각하면 학교 축제에 참여하는 목적은 같을 거야. 하지만 모든 준비를 다 같이 할 필요는 없어. 각자의 재능이나 센스를 발휘할 만한 개별 무대가 있는 편이 더 좋다고 생각하지.

아니, 다 같이 힘을 합쳤을 때의 시너지를 생각하면 아무래도 함께하는 작업도 필요할 것 같아. 이처럼 목적은 별반 다르지 않아도 '실행 방식'이 다른 경우지.

'결과에 대한 기대'가 맞지 않는다: 학교 축제는 의미 있고, 함께하는 작업도 거부하지는 않지만, 왠지 꺼림칙한 이유는 학교 축제가 우리에게 주는 영향에 대해 뭔가 서로 생각이 다른 것 같아서야.

어쨌든 난 즐겁고 신나게 친구들과 친해질 수 있으면 돼. 그런데 그렇지 않은 사람도 있어. 일부러 시간과 돈, 에너지를 들여서 하는 축제니까, 거기에서 어떤 배움이나 깨달음, 즉 '이걸로 내가 한층 더 성장했다'라고 느낄 정도가 되길 바란다는 거야.

'준비 중 세세한 판단'이 맞지 않는다: 축제 준비가 시작되고 친구와 같은 조가 되어 댄스 대회를 진행하기로 했는데, 세세한 부분에서 사사건건 부딪쳐. 사회를 붙일지, 실력이 형편없는 참가자는 탈락시킬지, 대기 시간은 얼마나 잡을지, 댄스 음원은 미리 받을지 아니면 당일에 MP3 파일로 받을지 등……. 안 맞아, 안 맞아. 딱히 그 친구가 싫은 건 아닌데 사사건건 반대 의견을 내는 거, 진짜 성가셔.

아무래도 가장 귀찮은 건 맨 처음의 '출발선이 다른' 친구야. 이야기의 전제가 다르면 타협이 이루어지지 않고서는 누군가가 빠져야 하거든. 그래서 사실은 가장 먼저 '학교 축제 참여할 거야?'부터 논의해야 해. 하지만 역시 멍하니 '그냥 하기로 했으니까 잠자코 따르는' 상태가 되기 마련이라, 전부 결정한 후에 "처음부터 축제 같은 건 참여하기 싫었어"라는 말을 들어도 이젠 맞춰줄 수 없어. '뭐야, 왜 이제 와서 저래?'가 되지.

그런 경우가 아니라면, 이미 여러 가지가 시작됐으니 어쨌든 함께하기로 한 이상 각자 수습 가능한 범위나 결론은 있을 거야. 의견 대립을 그렇게 겁낼 필요는 없어.

방법에 차이는 있어도, '어떻게 하면 모두가 학교 축제를 즐길 수 있을까'까지는 같은 길을 걸어왔어. 그렇기 때문에 서로 이해 가능한 범위 내에서 갈림길을 서로 존중하고 다시 한번 같은 생각임을 확인한다면, 서로의 의견이 크게 다르지는 않다는 사실도 거듭 확인하게 될 거야.

애당초 축제에 향한 기대는 모두 다 달라도 돼. 그렇게 뭐든 한마음이 되려고 노력할 필요 없어. 너무 피곤하잖아. 피곤해지려고 이런 걸 준비하는 게 아니야. **인생의 목적은 즐겁게 사는 거**니 이제 그거면 됐어.

사람은 누구나 인정받길 원한다

대립이 평온하게 수습되지 않아 불가피한 상황이 되면 충돌이 발생해. 하지만 더 이상 대화가 안 통한다고 해서 싸우면 그만이라는 뜻은 아니야. 싸움으로 누군가 조금이라도 행복하게 된다면 모를까, 이 세상에서 일어나는 대부분의 충돌은 아무도 다치지 않고 끝나는 경우가 거의 없어.

물론 어떤 문제가 교실을 벗어나 많은 사람의 생활을 위협하고 그것을 용납할 수 없다고 생각된다면, 싸울 자세를 취하며 다른 사람들에게 "여기에 우리가 있어. 넌 혼자가 아니야"라고 북돋울 필요는 있지. 대전제에서 말한 것처럼 그 신뢰가 사회의 근본이야.

하지만 제2장에서 "전부 다 못 하겠다면 격려를 하자"라고 말했었지? 끝까지 싸워도 세상을 바꿀 수 없다면, '바꾸지 못하면 의미가 없어'라고만 할 게 아니라 져도 순순히 물러나지 않는 태도를 보이며 상대방에게 계속 메시지를 전달하는 것도 인간이 행동하는 이유야.

의견이 팽팽히 대립해서 엄한 분위기가 되었을 때는, 내가 맞는다고 생각하는 걸 그대로 밀어붙여도 상대방도 똑같이 나올 테니 일단 서로 마음속에 들고 있던 주먹을 내려야 해. 의견 조정에서는 이런 준비 과정이 매우 중요한데, 이렇게 서로 부딪친 상태로 움직일 수 없을 때는 격해진 감정 탓에 그 사실을 잊기 쉬워. '나 심한 소리 들었어' 또는 '왜 날 부정하지?'라고 생각하게 되지.

그럴 땐 이 세상에 태어난 모든 사람이라면 누구나 가지고 있는 마음의 안식처를 떠올리면 돼. 아무리 의견이 맞지 않는 상대라도 그 부분은 같아.

우리는 기본적으로 인정받고 싶고, 고마움과 칭찬을 받는 게 최고라고 느낄 만큼 참으로 단순한 생물체라는 거야.

그렇다면 상대방의 마음을 어떻게든 진정시키기 위해서는, 이쪽의 정의를 무작정 한가운데에 던져 넣는 게 아니라 우선은 상대가 '난 이 부분은 인정받았어'라고 긍지를 가질 만한 말을 건넬 필요가 있어. '우리는 뼛속부터 생각이 다른 게 아니라 일부분은 거의 비슷한 생각을 하고 있어'라는 사실을 보여주고, 그다음에 내가 생각하는 정의와 상대가 생각하는 정의가 서로 일치하는 지점을 찾으면 될 거야.

'어디서부터 길이 갈라졌을까?'라고 생각되는 포인트를 찾자.

그리고 여기서 가장 중요한 지점은, 나와 상대방이 생각하는 '정당함'의 그늘에 가려져 잘 보이지 않게 된 부분이야. 사람은 의도했든 안 했든 그곳을 출발점으로 의견을 말하거나 행동하거든.

즉, 우리는 도대체 '무엇을 지키고 싶은 걸까?'야.

손익 판단은 꽤 도움이 된다

우리는 뭔가에 강하게 사로잡혀 있을 때, 왜 내가 끈질기게 주장하며 그것에 집착하는지 정작 그 이유를 모를 때가 많아. 그런데 진정하고 마음속을 찬찬히 들여다보면, 꼭 그게 필요하다기보다 우리에게는 오히려 그걸 소중히 여기고 싶다는 '지키려는 마음'이 있다는 사실을 깨닫게 돼. 무언가를 주장하고 싶다는 마음은 사실 소중한 걸 잃고 싶지 않다는 마음에서 비롯된 거야. 평소에는 별로 의식하지 않지만.

그럴 때 "네 말은 틀렸어. 넌 그것도 모르고 네가 옳다고 주장하잖아"라는 말을 듣는다면 이젠 옳고 그름을 따지거나 이기고 지는 문제가 아니라 '얘 지금 내 존재를 위협하는 거야?'의 문제가 되어버려. 그래서 마음속에 들어 올린 주먹을 내리기 힘들어지지. 왜냐하면 당당한 모습과는 반대로 마음에 불안이 스치기 때문이야.

나 같은 아저씨와 디지털 시대를 살아가는 너희는 여러모로 서로 다르겠지만, 인간으로서 분노라는 감정을 느끼고, 때론 인터넷에서 불건전하기 짝이 없는 키보드 배틀을 뜬다는 점에서는 같지. 그건 여러모로 괴로운 일이야. 그리고 서로 이미 벌어진 문제를 해결하기 위한 수고가 많이 들면서 애초에 어디서부터 길이 갈라졌는지도 잊어버려. 정신을 차려보니 싸우기 위해 싸우는 듯한, 정말로 어이없는 상황이 되어 결국 모두 지쳐 쓰러질 거야.

'인성교육'의 효과가 별로 크게 와닿지 않는 이유가 바로 여기에 있지.

그렇다면 '진심을 가진 참된 인간들이 진정한 우정을 믿고,

맨몸으로 부딪치며, 서로 이해하면서 문제를 근절하자!'라는 어려운 해결책은 일단 내버려두고(이 부분은 청소년이 아니라 '선생님이나 기성세대'에게나 하는 말이야), 오히려 더 냉정하게 생각하면 되지 않을까?

의견 대립은 손익을 따져 대응하자.

이런 말을 하면 순수하고 성실한 사람들은 꼭 혼을 내지. "아니, 지금 학생들에게 서로 상처 주는 걸 전제로 '이득을 찾아라'라고 불순하게 꼬드기는 거 아닙니까?"라면서. 그리고 이런 저속한 책은 학생들이 읽지 못하게 만들 수도 있어. '손익'이라는 말이 마음에 들지 않는다면 바꿔 말해볼게.

대립을 진정시키기 위해서는 '효율'이라는 관점도 도움이 될 수 있어.

이 말을 이번 장의 주제인 '타인과의 관계'에 맞는 표현으로 바꿔보면 이런 식이 되겠지. 우리가 의견 대립을 무사히 해결하기 위해서는, 친한 친구가 아니면 안 된다고만 생각하지는 말고, 우선은 서로를 '그렇게 나쁜 아이는 아니야'라고 받아들일 수 있을 만큼의 고민과 노력을 하면 돼.

한마디로 말해서 너희가 교실에서 살아남기 위해서라면 협력할 동기는 무엇이든 좋다는 거야.

왜 협력해주는지는 너희가 그 사람이 되지 않는 이상 평생 알 수 없어. 그러니 무리하게 어디에도 없는 훌륭한 사람을 기준으로 삼을 필요는 없어.

'고민'이라는 또 하나의 정치

제1장에서 정치는 '선택·결정·설득'이라고 설명했어. 정치는 '결정하고 그것을 인정하는 것'이라고 했지.

이번 장에서 너희에게 전하고 싶은 건 그 의미와 연결되지만, 조금 다른 포인트의 정치의 의미야. 그건 **의견 차이가 손쓸 수 없을 정도로 커지는 걸 피하기 위해 '일부러 고민'**하는 거지. '일부러'라는 뜻이 조금 막연할 것 같으니 자세히 설명할게.

갈등이나 의견 대립이 발생했을 때, 일반적으로 쉽게 귀찮아하는 사람은 그 상황을 방치하고 그냥 자연의 섭리에 따르고 싶어 해. "맘대로 해, 그런 거"라면서. 태풍이 지나가길 가만히 기다리는 게 최고라고 생각하지.

이렇게 모든 문제를 인간은 도저히 대응할 수 없는 자연의 섭리라고 가정한다면, "어제 태풍 장난 아니었지? 그건 정말 대책이 없다니까"라면서 날아온 쓰레기나 간판을 정리하고 동네 사람과 대화하면 끝이야. 동네는 난장판이 되고 뒷정리도 힘들지만, 모두 자연의 탓으로 돌리고 포기하면 끝나.

하지만 너희처럼 통제와 관리를 받는 사람들이 이렇게만 대응한다면 문제는 눈덩이처럼 부풀어 어느 순간 우리가 손쓸 수 있는 범위를 넘어버려. 그럴 때 학교는 필사적으로 내부에서 문제를 해결하려고 하니 성실하고 책임감 있는 교사일수록 힘들어지지.

전형적인 게 바로 왕따 문제야. 착하고 책임감 있는 선생님일수록 왕따를 없애고 사이좋게 지내는 반으로 만들어야겠다고 다짐해. 그런데 이 세상에서 왕따 문제는 영원히 사라지지 않아(다음 장에서 자세히 설명할게). 아무리 인성교육을 받는

다 해도 본인들이 느끼는 지옥은 끝나지 않지. 그리고 학교는 직접적인 책임이 없어(간접적으로는 있어도). 하물며 여러 흐름과 상황으로 그 일에 휘말리게 된 학생들에게 책임을 묻는 것도 쉽지 않아.

학교도 해결하는 데 한계가 있으니 "자! 여기까지! 이 문제는 다른 곳에서 해결하세요!"라며 수건을 던져도 상관없어. 자유로운 학교 운영으로 유명했던 어느 중학교의 전 교장 선생님은 "학생이 너무 고민하고 저희도 매우 곤란했는데, 방법이 없어 경찰에 상담을 요청했더니 한순간에 해결됐어요"라고 했어. 이건 너희 선에서 해결 가능한 범위를 벗어났을 때의 이야기야. 그렇게 되지 않도록 하는 방법이 있어(학교와 선생님에게 쉽게 도움을 요청해서는 안 된다며 혼자 해결하려 하니 여러모로 괴로운 거야).

그건 괜히 귀찮아질지도 모르지만, 돌이킬 수 없는 일(우리 세대보다 늦게 태어난 사람들이 스스로 세상을 떠나는 것. 교실 안의 너희들은 스스로 세상을 떠나면 안 돼)이 일어나지 않도록 할 수 있는 범위 안에서 계속 고민하는 거야.

그것도 중요한 정치지.

살짝 지쳤을 테니 여기서 잠깐 정리할게.

- 상황에 맡기기만 하지 말고 고민을 해본다.
- 고민의 목적은 문제가 우리의 범위를 벗어나지 않도록 하기 위함이다. 만약 벗어난다면 어른에게 맡긴다.
- 다툼을 너무 두려워 말고, 겁내지 않되, 무리하게 싸우지 않는다.
- 사람이 주먹을 드는 이유를 짐작해본다. 모든 사람은 부정당하는 걸 싫어한다.
- 상대가 지키고 싶은 걸 확인한다. '나도 마찬가지'라는 생각이 들면 화가 가라앉는다.
- 상대가 지키고 싶은 것을 망가뜨리는 게 아니라 되도록 유지하면서 "이렇게 하면 우리 모두를 지킬 수 있어"라고 제안해본다. 순조롭게 양보할 수는 없어도 '우리의 목적지는 별반 다르지 않아'라며 마음을 끌어당길 수는 있다.
- 그래도 타협하는 게 쉽지 않다면 우선 "내 이야기 들어줘서 고마워"라고 제대로 인사하고, "좀 더 생각해보고

다시 이야기하자”라고 말하며 헤어진다.

16세기 이탈리아 피렌체 지방의 외교관이었던 니콜로 마키아벨리는 이걸 **‘작위적 정치’**라고 설명했어. 작위(作爲)란 ‘일부러, 굳이, 생각하고, 고민해서 시도해본다’라는 뜻이야. 피렌체의 군주가 ‘백성을 아끼고 이 땅을 사랑하며 자애로움이 넘치는 군주’ 같은 낙관론을 말하는 동안, 냉혹한 추기경 체사레 보르자에게 멸망에 대한 공포를 배운 니콜로는 “피렌체를 지키기 위해서는 고민이 필요합니다”라며 『군주론』이라는 안내서를 써서 군주에게 보냈지.

500년 이상의 시공을 초월해 너희 교실로 뚝 떨어진 니콜로는, 왕따를 악화시킨 “카톡이 불타고 있길래 맞장구 조금 쳐준 거예요”라는 태도에 대해 분명 이런 말을 할 거야.

“이보게, 스마트폰으로 하는 SNS 대화는 작은 발언에도 꽤 무게가 실려 있어서 진심이나 의도가 와전되어 전해질 수 있다네. 그건 문제를 악화시키고 세상의 질서를 어지럽힐 뿐이라네. 별로 좋은 생각은 아니었던 것 같군.”

그럼 어떻게 해야 하나요, 니콜로?

　각자 사정은 다르고, 상황을 모른 채로 쉽게 말할 수는 없겠지. 하지만 때에 따라서는 아무것도 하지 않는 것, 다시 말해 '부작위라는 작위'가 사태 악화를 조금이라도 늦추는 데 도움이 될지도 몰라. 왕따 문제를 해결하기 어려운 건 연관된 사람들 대부분이 "왕따인 줄 몰랐어요"라고 하는 경우가 많기 때문이거든. 그럴 때는 일부러 아무 행동도 하지 않는 것, 즉 '무시하지는 않기', '가볍게 인사하거나 말 걸기', '무리하게 친해지려고 노력하지 않기' 이 세 가지를 지키며 평범하게 대하는 것도 작위적 정치야.

　힘들 것 같아요, 라고 생각한 너.
　그런 작위적인 건 너무 어려워요, 라며 불안해진 너.
　그런 건 절대 안 할 거예요, 라며 화가 난 너.
　걱정하지 마.

너희는 이미 진작에 그걸 하고 있었으니까.

너희는 분란을 일으키는 불편한 대화를 피하려고 진짜 모습이 아닌 만들어진 캐릭터를 균형 있게 연기하고 있지 않니? 교실 안의 '친구 무리'마다 미묘하게 다른 '나'를 표현하고 스트레스를 억누르지만, 때로는 기적처럼 곁에 있는 '스트레스가 생기지 않는 편한 친구'와 짧고 덧없이 빛나는 청춘을 보내고 있지 않니?

정말 훌륭한 생각이야.

지겹겠지만 한 번 더 말할게.

난 너희를 부추기는 게 아니야. 빈정거리는 것도 아니고. 너희가 놓치고 있는 너희의 능력을 자세히 들여다볼 뿐이지.

다만 그런 것만으로는 살아남기 위한 지혜가 몇 가지 부족해.

또 있어요?

맞아. 또 있어.

그건 집단 속 '역할' 이야기에서 나타나지.

위도 아래도 없는 대등한 우리
― 협력 관계의 구조

미식축구 ― 민주주의 국가가 만든 시스템

앞에서 정치는 '다른 사람과의 관계를 맺기 위한 고민'이라는 뜻으로 말했는데, 그걸 응용해서 우리가 모인 장소에서 발생하는 문제에 대해 조금 다른 관점으로 살펴보면 좋겠어. 그건 우리 인간 집단의 구조이자 역할 분담, 즉 **조직**에 관한 이야기야.

한 가지 인상적이었던 에피소드를 소개할게. 미식축구에 얽힌 이야기야. 내가 근무하는 대학의 입시에는 체육특기자 전형이 있는데, 당시 난 면접관이었어. 몇 개 조로 나뉜 그룹 면접 중 어느 미식축구 선수의 차례가 되었을 때, 난 면접관이라는 입장에서 조금 벗어나 오랫동안 품고 있던 궁금증을 그 수

험생에게 던져봤어(그때 나도 모르게 '미국 축구'라고 했더니 수험생이 "미국 축구가 아닙니다. '미식축구'입니다"라며 정정해줬지. 나의 무지에 부끄러워하며 사과했어).

"저도 스포츠를 좋아해서 몸이 부서질 듯 강하게 부딪치는 미식축구에 늘 놀라고 감탄하는데요, 학생이 현재 맡고 있는 포지션은 뭔가요?"

"전 디펜스 라인입니다."

"그건 허리를 숙인 채로 끊임없이 상대에게 있는 힘껏 부딪쳐 태클을 거는, 결론적으로 경기 내내 공을 만지지 않는 포지션 맞나요?"

"네, 기본적으로 공은 손대지 않습니다."

"그렇군요. 그럼, 미안한 말이지만 축구인데도 공을 만지지 않는 운동은 좀 따분하지 않나요? 그냥 지켜보기만 할 뿐이잖아요."

돌이켜보면 면접관이라는 지위를 악용해 너무 무례한 질문을 했어. 지금이라도 사과할게.

그러자 그 수험생은 의연한 태도로 이렇게 대답했어.

"미식축구의 포지션을 좀 더 자세히 살펴보면 아시겠지만, 아무리 하찮게 보여도 어떤 포지션이든 공을 터치다운할 때까지의 과정에서 빼놓을 수 있는 기능과 역할은 하나도 없습니다. 공을 패스하고 그걸 멋지게 받으면 사람들은 주목할지 몰라도, 어떤 포지션이든 뚫리면 그날은 무조건 집니다."

그렇군. 그런데 그건 '똘똘 뭉쳐야 한다'라는 우리 사회의 집단주의와 결국 뭐가 다른 건지 궁금했지. 이에 대한 대답이 정말 훌륭했어.

"하지만 이러한 시스템은 다른 말로 어떤 능력이나 특기, 버릇을 가진 사람이든 그에 걸맞은 포지션이 마련되어 있다는 뜻이기도 합니다. 미식축구는 모든 사람의 능력을 살릴 수 있는 스포츠입니다. 전 여기에 미국이라는 나라의 살아 있는 민주주의 정신이 반영되어 있다고 생각합니다."

감탄했어. 그리고 감동해서 눈물 흘릴 뻔했지.

나는 미식축구라고 하면 들소처럼 강인하고 죽음도 두려워하지 않으며 돌진하는, 하지만 그렇게 열심히 훈련해도 연간 20회 정도의 시합밖에 할 수 없는, 세상에서 가장 가혹한 스포츠라고만 생각했었거든. 그런 부분에만 주목해 단정 짓고 있던 내 무지함에 큰 충격을 받았지.

미식축구를 너무나 사랑해서 청춘과 인생을 바치기로 한 청년이, 무난하게 받아치기만 하면 되는 특기자 전형 면접에서 스포츠의 본질을 건드리는 질문에 내 눈을 보며 당당하게 설명한 거야.

미국이라는 나라에 대한 개인적인 불만이나 아쉬움은 많아. 그러나 미식축구라는 독특한 방식의 종목을 다양한 민족 배경을 가진 사람들이 모인 나라에서, 그만큼 다양한 능력을 갖춘 사람들이 모두 참여할 수 있는 스포츠로 만들어낸 센스! 난 거기에서 감탄을 넘어 민주주의를 느낀 거야.

그렇게 생각하니 9명 모두에게 역할이 주어지는 야구도 똑같아. 다양한 사람들이 자신의 역할을 활용해 행복해지는 스포츠지. 그래서 그걸 하는 사람들의 관계는 기본적으로 대등해.

왜 이런 이야기를 하는가 하면, 그건 우리 사회가 조직이라는 걸 이상하게도 아무 의심 없이 '피라미드' 형태로 상상하는 경우가 많기 때문이야. 그건 이 표현을 어떻게 이해하는가에 따라 명확해져.

바로 '리더십'이라는 표현이야.

나왔다, 리더십. 그런 거 말씀하시는 거죠? 동아리 회장.

그래. 그렇게 나올 줄 알았어.
하지만 틀렸어.

리더가 되어야 한다는 굴레

월간 경제 잡지에는 '위기의 리더십! 부도 위기의 기업을 구한 다섯 명의 기업인!'이나 '스티브 잡스에게 배우는 리더의 전략!' 같은 특집이 많이 실려 있어. 하지만 그건 결국 '결과가 전부인 기업 경영에 성공한 사람들의 꿈같은 이야기'가 많아. 그래서 우리는 '리더란 도대체 어떤 사람이지?'에 관해 깊이 있게 이야기해본 적이 없을 거야.

만약 한 적이 있다면, '당신이 생각하는 이상적인 상사는?'
이라는 설문조사 때마다 당시 화제가 된 유명인의 이름이
TOP10에 드는 한심한 결과가 나올 리는 없거든.

애초에 이상적 '상사'라는 말이 날 불편하게 해. 거기에는
리더는 '위'고, 그 외의 사람들은 '아래'라는 피라미드 이미지
가 들어 있기 때문이야. 그리고 이상적인 상사는 당시 TV 드
라마에서 멋진 상사를 연기한 스타 배우가 되지. 드라마가 잊
히면 이번엔 또 다른 유명인으로 바뀌고. 리더는 유행을 타
는 게 아닌데, 한숨만 나와.

그렇다고 학교생활을 하는 너희가 리더에 관해 몰라도 되
냐면 그건 아니야. 왜냐하면 대학교 입시 면접에서는 '고등학
생 때 공부 외에 다른 활동을 해온 게 있나요?'라는 질문에
파생된 '리더십이란 뭐라고 생각하죠?'라는 질문이 대기하고
있기 때문이야.

그리고 면접장에서 이루어지는 질의응답은 면접관도 예상
가능한 답변들뿐이라 지루함의 연속이지. 남이 한 말, 자기
생각이 담겨 있지 않은 말은 하면 할수록 불리해지는데도 말
이야(내가 면접관일 경우에는 그래).

"학생은 고등학교를 다니면서 공부 말고 어떤 활동을 했었죠?"

"저는 3년간 야구부원으로 열심히 활동했습니다. 특히 2학년 가을부터는 야구부 주장으로서 여름 예선을 목표로 부원을 이끌어왔습니다. 이건 정말 자신 있습니다."

"그렇군요. 그 경험을 바탕으로 학생이 생각하는 리더십은 무엇인지 설명해보세요."

"그건 모두를 **제대로 하나로 모아서** 목표를 향해 **날 따라오라**는 느낌으로 지치지 않도록 잘 **이끌어나가는** 것입니다."

"그건 처음 질문에 대한 답변과 똑같지 않나요? 전 **어떤 리더가 가장 좋은 리더인지, 학생의 생각**을 물어봤습니다. 다시 대답해주세요."

"아…… 그러니까, 역시 사람은 모두 제멋대로이지 않습니까?(예상외의 전개에 말투가 바뀐다.) 그런 뭔가 자기중심적인 아이들을 통솔한달까, 때로는 상냥하게, 때로는 엄하게, 제대로 할 말은 하고, 감독 선생님께 누가 되지 않도록 주장으로서 배려하는……."

"네, 알겠습니다. 제 질문은 여기까지입니다."

정말 다 똑같이 대답해. 모두 같은 패턴이야. 그래서 난 생각하지. 우리 사회에서는 '리더'와 '상사(주장)'를 구별하지 않는구나.

그런 식으로 리더를 생각하는 사회에서는 과감하게 결단을 내리는 '카리스마형' 리더 스타일, 임기응변에 강한 '처세형' 리더 스타일, 현실적이고 신중한 '전략가형' 리더 스타일 등, 이미 몇만 번이나 반복된 이야기를 바탕으로 그 시대의 유행에 맞춰 이상적인 상사를 이야기하지(대부분 '상냥하다', '본인을 잘 이해해준다', '가끔은 엄하게 가르쳐준다' 이 세 가지 스타일이야). 당연히 평범한 사람은 역사책에 나오는 위인 같은 상황을 겪지 않으니, 리더에 대한 설명은 항상 **'회사 조직 내에서 제대로 처신하기 위해 위에는 순종적이고, 밑에는 엄하고, 체력이 좋으며 웃는 얼굴이 시원시원한 사람'**이 되지.

리더를 표현하는 말이 별로 없는 사회에 살고, 거기에서 자라난 청소년을 누구도 나무랄 수는 없어. 그런 말 말고는 리더를 표현할 경험도, 이미지도 주어진 적이 없으니까. 그래서 학생은 필사적이었고 성실했던, 피와 땀과 눈물투성이였던 1년간의 야구부 주장 시절을 보물처럼 여기며 정해진 답변을 내놓게 되는 거야.

그렇게 투박하고 성숙하지 않고 뻔한 답변밖에 없는 사회에서 현명한 리더십을 발휘하는 정치인을 평가할 수 있을까? 할 수 있을 리가 없지.

그렇게 또 하나의 안타까운 이야기가 끝나버려.

리더를 하면 고마워하는 사람도 없고, 공공의 적이나 되고, 대가도 없어요. 앞으로는 안 할 테니 정치도 저랑 아무 상관 없어요.

리더 같은 건 절대 못 될 테니까 정치도 당연히 못 하죠.

어른들이 리더의 다른 역할에 관해 구체적으로 설명하지 않았으니 그렇게 생각하는 것도 당연하고 나무랄 수도 없어. 어른들도 어릴 적에 이 사회에서 그런 말을 듣지 못했으니, 이제는 누군가를 탓하기보다 우리가 이미지를 바꿔가는 수밖에 없지.

일단 리더는 '톱(top)'이 아니야. 리더란 '일의 종류'를 말하는 거야.

'선택지'를 말로 보여주는 사람

리더가 정말 어떤 존재인지 별로 관심도 없고, '모난 돌'이 되는 걸 두려워하다가 그 고정관념이 어릴 때부터 자리 잡아버리는 게 지금 우리 사회의 젊은이들이야.

그럼에도 불구하고 이상하게도 어쩌다 리더가 되기라도 하면, 왠지 모르게 칭찬받는다고 해야 할까? 리더로서 열심히 하는 모습이 어른들에게는 긍정적으로 받아들여져. 그래서 리더의 기본 이미지가 상당히 한정되어 있고 약간 어긋나 있는데도, 왠지 모르게 '리더가 돼야 하나'라는 생각을 하게 되지.

즉 리더십 있는 사람이 돼야 한다는 병이 생기는 거야. 하지만 지금까지 봐온 것처럼 학교가 너희의 마음에 부담을 주는 일은 많으니 여기서 확실히 말해둘게.

모두 다 리더가 될 필요는 없어.

우선 여기서부터 출발이야.

사람이 많이 모이는 곳에는 자연스럽게 여러 능력이나 특기가 모여. 그건 지금까지의 경험으로 이미 알고 있을 거야. 여기까지는 아무 문제 없이 내 말을 이해하겠지. 그런데 도저히 해결되지 않는 부분이, 여기에 항상 '상하관계'라는 고정관념을 적용한다는 점이야.

각자의 능력은 수직이 아니라 수평이고 '기능·역할'의 차이일 뿐이야. 그런데도 너희는 '능력'이라는 말에 지나치게 반응해. 왜냐하면 좋은 학교에 가기 위해 초등학교 4학년 때부터 학원에 다니며 언제나 강요당하는 생활을 해왔기 때문이야. 그래서 능력이란 말을 들으면 순간적으로 '수직 관계(천재 아니면 바보)'라는 한정된 공식을 쉽게 떠올려. 이건 정말 방해가 되는 습관이야. 이제 바꿔 말해볼게. 어른이 되어 손쓸 수 없기 전에, 한 번 더 말할게.

능력이 아니야. '기능·역할'이야. 영어로 'function'이지.

그러니까 리더는 '리더의 기능을 제대로 하는 사람'이라는 뜻이야. 즉 **'우리 앞에 놓인 상황을 잘 설명하고, 그런 상황에서 어떤 선택지가 있는지를 보여준 후, 각각의 선택에 어떤 결과와 노력이**

따르는지를 이해시키고, 본인은 어느 쪽을 선택하는지 제대로 보여
주며 사람들에게 어떤 것을 고를지를 묻는' 기능. 그게 리더의 역
할이지.

그리고 이 중에서 절대 빼놓아선 안 되는 게 하나 있어.

바로 이 모든 걸 '말'로 표현해야 해.

대부분 리더는 '결정'을 하고 따라오라고 하면서 끌어가는,
어떤 의미로는 막무가내인 사람이라는 고정관념이 있지. 물
론 실제로 그런 상황도 있어. 하지만 무엇이 최고의 선택인지,
무엇이 옳은 결정인지는 그 상황에서 아무도 몰라. 그래서 리
더는 여러 가능성을 교통정리하고, 실현 가능한 결과를 가져
오기 위한 선택지를 제시한 후, 선택과 결정을 위해 사람들의
의견에 귀를 기울이는 거야. 리더의 역할은 그래.

그때 리더는 여러 바람에 흔들릴 거야. 적극적으로 믿고 지
지해주는 순풍, 다른 의견이라는 역풍, 그리고 악의 없고 우
유부단해서 정말 망설이다 판단하지 못하는 무풍, 피곤하거
나 대립이 너무 강한 태풍 등. 공기 쪽은 희박하고, 돌풍도 잦아.

우리는 체육대회에서 '남자 장대 눕히기(사람 키보다 큰 장대를 눕히는 게임. 온몸을 사용해 수비를 하다 보니 크고 작은 부상이 생기기 쉽다-옮긴이)' 하는 거 절대 반대예요. 감정이 통제되지 않아 위험하고, '남학생은 다쳐도 된다'와 같은 전통은 젠더 프리 시대에 어울리지도 않고요. 여학생들이 이걸 어떻게 볼 건지도 생각하지 않는 것 같아요.

그런데 운동부 아이가 선배들로부터 "우리 동아리라면 제대로 해야지!"라는 압력을 받아 울며 겨자 먹기로 찬성하고 있으니, 철회시키는 것도 어려워요.

계속 이어 내려온 전통은 여러 무게를 짊어지고 있으니, 목표가 좁혀지지 않아 체육대회 준비위원회도 이야기가 지지부진해요.

그래서 반대하는 친구들은 이제 슬슬 포기하려고 해요. 위원회 결정까지 시간도 별로 없고요. 흔들리는 마음, "코로나 끝나고 오랜만에 하는 거니 괜찮지 않아? 전부 다 나가는 것도 아니고"라는 비난하기 힘든 마음. 이제 그런 걸 내세우고 있는 거예요, 리더가.

여기서 리더는 고민하지. 상황에 따라서는 '오랜 관습을 타파하자!'라는 순수하고 솔직한 태도가 제대로 작용할 수도 있어. 그건 동료들에게 힘을 줄 수도 있을 거야. 하지만 상대방의 반발심에 기름을 붓는 격일지도 몰라.

대부분의 동료가 지쳐서 포기하려고 할 때는 순수한 마음으로 부딪쳐보자는 호소를 들어도 '절대 못해'가 되기 때문에, 진심은 조금 다를지언정 일부러 작위적인 말로 동료들을 격려할 필요도 있어. "나쁜 위원회가 불시에 안건을 내놨으니 우리도 생각이 있다는 걸 보여줘야 하지 않겠어?"라며 조용히 낮고 무거운 목소리로 말해도 될 거야.

솔직하고 옳은 말만 한다고 해서 모두가 찬성할 거라는 보장은 없어.

자기 기분만으로는 현명한 선택지를 만들 수 없지.

그렇다면 고민한 후 어느 정도 작위적인 말이 필요해.

어라? 앞에서 몇 번이나 나온 내용과 이어지지 않니?

'선택'지를 만들어 '결정'하고, 그것을 '설득'한다 = 정치

'일부러 고민'해서 '최악의 선택을 피한다' = 정치

리더가 정치에 어떻게 연관되어 있는지 이제 명확해졌어.

그리고 여기에 나오는 리더가 아닌 사람들도 딱히 리더에게 복종하거나 그의 지시를 무조건 따르는 게 아니야. 고민 끝에 나온 선택지를 살피고, 만약 좋은 아이디어가 떠오르면 그것에 약간의 수정을 추가할 수 있어.

리더와 구성원들은 수평적인 관계야. 수직이 아니라.

오퍼레이터란 누구인가?

이러한 리더의 기능을 확인하니, 리더와는 상당히 다른 태도로 일을 하면서도 리더와 구분 없이 막연하게 '왠지 리더 같은 사람'이라고 생각되는 역할이 있어. 하지만 리더에게 바라는 '여러 가능성을 교통정리하고, 실현 가능한 결과를 가져오기 위한 선택지를 보여주고, 선택과 결정에 관한 의견에 귀를 기울이는 역할'은 아니야.

조직이 해결해야 하는 차곡차곡 쌓인 일들을, 모범적인 기준에 맞춰 충실하게 여느 때처럼 제대로 실행시켜서 모두를 안심시키는 역할이지.

자잘하게 손이 많이 가는 일을 감정 없이 덤덤하게 매뉴얼대로 처리해. 환경이 바뀌어도, 하던 작업이 지금 있는 구성원에게 딱 맞지 않더라도(설령 이젠 시대에 부합하지 않게 된 '미스○○고등학교 선발대회'여도), 지금 그걸 하는 의미는 깊게 생각하지 않고 '우리 선배들이 지금까지 쌓아온 노력의 결정체인 매뉴얼대로' 역할을 다할 뿐이야.

그래도 이건 리더는 아니야. 우리 사회에는 아직 많이 스며들지 않은 명칭인데, 바로 **'오퍼레이터'**라는 역할이지.

영어식 사고를 하는 친구에게 물어보니 리더와 오퍼레이터는 완전히 다른 말이래. 오퍼레이터는 기계를 감시하다 동작이 둔해지면 기름을 치고, 벨트가 느슨해지면 교환하고, 제어 시스템에 문제가 생기면 소프트웨어를 점검해서, 눈앞의 기계가 같은 상태를 유지하며 계속 돌아가게 하는 것에 집중하는 조작원이라고 해. 소박하고 정확하며 확실하지.

오퍼레이터는 인간 집단에서 꼭 필요한 역할이야. 그렇게 소박하고 확실한 역할이 있어줘서, 그걸 전제로 리더는 자신이 직면한 문제를 논의하고, 설득하며, 미래 구상도 할 수 있는 거니까.

매일 문제없이 돌아가야 하는 일들이 불안정하게 되면, 모든 사람들의 관심은 현재 직면한 사태가 아니라 현재 내 주변의 문제로 분산되고 말아. 그래서 리더는 안심하고 사람들의 생각을 끌어낼 역할을 다할 수 없어.

이런 식으로 오퍼레이터가 하는 역할의 중요성에 관해 설명하고 있지만, 과거의 난 지금처럼 그 역할의 가치를 인정하지는 않았어. 왜냐하면 난 정말 게으름뱅이에다가, 열심히 노력해 얻은 결과에 재미나 흥미가 들어 있지 않으면 '이게 도대체 무슨 의미가 있는 거야?'라는, 너무나 이기적이고 어린애 같은 생각으로 가득 차 있었기 때문이야.

다시 말해 난 공무원이나 관리직 같은 일이 싫었던 거야(그래서 지금도 서류 업무가 쌓이면 훌쩍 여행을 떠나고 싶어져). 하지만 그런 일을 담담하게 이어나가는 사람이 있어준 덕분에 나 같은 제멋대로인 인간도 할 수 있는 역할이 생긴 거지. 이 사실을 깨닫는 데 시간이 좀 걸렸어.

결국 리더나 오퍼레이터 모두 우리에게 필요한 역할인 거지.

다만 두 역할은 다르니 확실히 구분해두길 바랄게.

고정관념처럼 되어가는 '피라미드의 꼭대기가 되어야 한다'와 같이 무리한 목표를 생각할 필요는 없어. 시선을 위가 아닌 '옆'으로 돌려서 내가 할 수 있는 역할을 찾으면 돼.

미식축구에서 패스를 하는 쿼터백이 허리를 숙인 채로 서 있는 디펜스 라인에게 "넌 왜 패스를 제대로 못 받는 거야!"라며 불평하는 건 의미가 없어. 역할이 다르니까. 그런 불평은 공을 받고 달리는 리시버에게 해야지.

리더나 오퍼레이터 중 어느 쪽도 될 수 없다고 생각해도 괜찮아. 세 번째 역할이 있거든. 게다가 이 영역은 넓어.

그 이름은 바로 **'팔로워'**야.

팔로워가 갖는 힘

리더의 반대말은 팔로워야. 맞아, X(구 트위터)나 인스타그램의 팔로워, 그거야. 말이라는 건 고정된 이미지를 만들고 그것만을 머리에 넣어두게 해서 그 말의 본래 의미와는 다른 이미지를 가지게 하니까 주의가 필요해.

팔로워는 사전에 '따르는 사람'이라는 뜻으로 실려 있는데, 그럼 너희가 인스타그램에서 친구를 따르고 있는가 하면 그렇지는 않아. 이런 개념이 제대로 머릿속에 자리 잡고 있다면 오해가 생기지 않을 텐데, 리더와 세트로 외우다 보니 앞서 말한 것처럼 이상하게 피라미드 이미지나 '수직 관계'라는 말에 영향을 받게 되면서 리더와 팔로워의 관계에 어쩔 수 없는 선입견이 생기고 말아. 리더는 왠지 대단한 사람이고, 팔로워는 '그 외 나머지'라는 악의 없는 착각 말이야.

그것을 뒷받침하는 '팔로워십'이라는 영어 단어가 있다는 것도 대부분 모르지. 어른들 중에서 "우리 아이가 커서 훌륭한 팔로워십을 발휘하면 좋겠어요"라고 말하는 사람은 거의 없을걸?

참고로 '리드한다'라는 말의 핵심적 의미는 '무언가와 무언가를 잇는다'이고, 리더십이란 '무언가와 무언가를 잇기 위해 움직이는 상태 또는 역할이나 기법'이라는 뜻이야.

반대로 팔로워는 우리에겐 별로 익숙하지 않지만, '따라다 닌다', '따라간다', '따른다', '(특정한 것을) 계속한다', '설명이 나 의미를 이해한다', '주의를 기울인다', '흥미를 느낀다'와 같은 여러 의미를 가지고 있어. 한마디로 딱 잘라 정의하긴 어렵지만, 정리하자면 **어떤 사람이나 여러 사정에 따라 주의나 관 심을 가지고 함께 어울린다**'라는 뜻이야. 그리고 팔로워십은 그 런 상태·입장·기법인 거지.

너희는 좋아하는 가수나 작가에게 계속 관심을 가지고 뭐 든 알고 싶다는 마음에 따라다니며 '팔로우' 버튼을 누르지. 하지만 너희가 좋아하는 그 사람과 너희의 사이도 수직 관계 는 아니야. 기본적으로 수평적 인간 동지지('완전히 신이야!'라는 마음은 있어도). 따라서 리더와 팔로워는 대등한 관계이며 상하 가 아닌 역할이나 기능의 차이로 나눠야 해.

그리고 팔로워는 리더의 행동을 조정하는 중요한 역할도 맡고 있지.

예를 들어 축구부 주장이 코치로부터 "내일은 축구협회 세미나가 있어 연습에 못 나온다. 연습 시간은 주장인 너에게 맡기마"라는 말을 들었을 때, 리더인 주장이 해야 할 일은 코치가 말한 것을 그대로 부원들에게 전하는 게 아니야. 그는 코치의 대역이 아니거든.

주장은 경기 경험이 많은 선수 중 한 사람으로서 이전 시합과의 공백이 얼마나 되는지, 다음 시합까지는 며칠이나 남았는지 등을 고려할 수 있어. 그래서 오늘 연습으로 많이 지쳤다면, 내일은 힘든 훈련을 조금 피하고 오래달리기로 땀을 배출하거나 치명적인 실수의 원인을 다시 확인하는 등 가벼운 훈련을 차선책으로 가져올 거야.

하지만 코치로부터 '리드해라'라는 요구를 받고 너무 의욕이 넘친 리더가 "타임 트라이얼 90분 끝낸 다음엔 턴하고 질주 30분이야!"라고 부원들에게 말한다면? 팔로워들은 아무 생각 없이 리더가 말하는 대로 따를 게 아니라, 리더와 대등한 관계로서 "내일 시합인데 그렇게 강도 높은 훈련을 하면 부상자가 나올 수도 있고, 피로도 안 풀리니 사기가 떨어지지 않겠어?"라며 조정하는 편이 좋아.

이건 컨트롤, 즉 제어, 더 일상적인 언어로 바꾸면 '부원의 상태를 알리고 적당하게 조정한다'라는 거야. 정치학에서는 '리더는 팔로워에 의해 민주적으로 조정됨으로써 공공이익을 면탈하지 않는 결정이 담보된다'라는 어려운 표현을 사용하는데, 이건 곧 "적당히 해"라며 지적하는 거나 마찬가지야. 선택지를 만드는 리더에게 정보를 주는 거지.

리더만 탓하다가 분위기가 나빠지지 않게 하기 위해서는 부드럽게 지적해서 웃음으로 마무리될 수 있도록 말을 고르는 노력도 필요해. 이때도 있는 그대로의 사실로 부딪칠 게 아니라, 리더도 팔로워도 어떻게 하면 부원의 힘을 끌어낼 수 있는지를 생각하면서 **작위적인 행동을 하면 정치가 되지**. 이때 꼭 필요한 점은 여기서도 완전히 동일해.

바로 '말'이야.

리더도 팔로워도, 전부 말이 중요해. 더 많이 대화하자.

정치는 말이 전부야.

팔로워는 '그 외 나머지'가 아니야.

팔로워는 '그저 리더를 따르는 사람'도 아니지.

팔로워는 '말로 리더를 제대로 통제'하는 기능을 가진 사람이야.

리더, 오퍼레이터, 팔로워 모두 삼각형 피라미드 그림 위에 자리한 '지위'가 아니야. 그들은 맡은 임무를 기준으로 나뉜 역할의 차이에 따라 다르게 불릴 뿐 대등한 관계지. 집단 내에서 조금이라도 도움이 되고 싶은 사람은 자기가 할 수 있는 역할을 무리하지 않는 선에서 담담하게 하면 돼. 아니면 찾아도 되고, 필요하면 만들어도 돼.

그리고 맞는 쪽이 하나도 없다고 생각한다면 이 책에서 단골로 나오는 말을 해줄게.

그럴 땐, '조직이란 피라미드 형태가 아니며 누가 더 대단한 것도 아니고 특별한 능력이 있어야 할 필요도 없다'라는 사실을 잊지 말고, **어깨 힘만 빼면 되지**. 그것만으로 충분해.

후우. 이번 장도 길어졌네. 정리할게.

우리가 동료를 만드는 이유는 우리가 작고 나약하고 고집불통인 존재라서 언제든 협력이 필요하기 때문이야.

그런데 그런 협력 관계는 친한 친구가 아니어도 가능하지. 왜냐하면 다 같은 친구라고 해도 구분해보면 여러 가지로 나뉘거든.

서로 마음이 통하지 않더라도, 일이 척척 진행되지 않더라도 내 잘못이라고 몰아세우지는 마. 그건 관계의 문제니까. 그러니까 '인성교육'은 일단 참고만 하고 살짝 흘려들으면 돼.

의견 대립을 너무 겁낼 필요도 없고, 도무지 타협이 안 된다고 해서 무조건 싸워야 하는 것도 아니야. 갈라지기 시작한 지점을 찾아 흥분을 가라앉히고, 상대를 긍정하면서, 잘 도착할 지점을 찾아야지. '일부러' 고민해서 큰일이 되지 않도록 조율하는 게 바로 정치야.

그렇게 해서 만들어진 동료 집단에서는 세 가지 역할을 구별하자. 리더, 오퍼레이터 그리고 팔로워는 수직 관계가 아니므로 그곳에 피라미드는 없어. 서로 대등한 관계에서 각자 할 수 있는 걸 하면 돼. 잘하지 못해도 돼. 다만 아무 생각 없이 '위? 아래?'라고 고민하는 건 이제 그만두자.

여기서 난 '대등'이라는 말을 많이 썼어. 또 여러 가지 귀찮은 표현들이 나와버렸네.

대등, 평등.

이렇게 이야기를 이어가는 것도 꽤 고민이 필요해.

그리고 이런 귀찮은, 하지만 신경 쓰이는 말들에 얽힌 이야기를 다음 장에서 또 다룬다는 걸 미리 말하지 않았구나. 미안, 용서하렴.

이제 제4장이야.

머지않아 평등한 세상의 걸림돌이 된 편견을 '놓지 마'라는 말을 들을 거야. '편견을 놓지 말라니? 무슨 말 하는 거야, 이 아저씨는?' 지금은 이렇게 생각할지도 몰라.

하지만 괜찮아. 읽으면 반드시 속이 후련해질 테니까.

제 4 장

평등을 둘러싼 찜찜함

— 공평·공정·분배

마음이 소란스럽고 성가신 '평등'

왜 '평등'이 신경 쓰일까?

제3장에서 말했듯 사람은 자신이 누군가의 위나 아래라고 생각하기 쉬워. 그런 생각은 각자의 능력을 끌어내기에 그다지 좋지 않고, 자신을 아래라고 믿고 살면 비굴해지거나 스스로를 제대로 평가하지 못하게 되니 결국 그거대로 안타까운 일이야.

지금까지 대등과 수평 관계를 몇 번이나 강조했던 건, 어릴 때부터 인간관계를 항상 수직적으로 생각하는 버릇이 들어버리면 여러모로 곤란해지기 때문이야. 그런 의미로 이번에도 단어를 세세하게 나눠서 생각해보자.

애초에 '대등'이나 '평등'이라는 건 뭘까?

으음, 꽤 까다로운 문제야.

그럼 까다로우니까 이 문제를 그대로 방치해도 되는가 하면 그렇지도 않아. 이미 우리는 이 '평등'이라는 단어에 대해 너무 신경을 쓰다 못해 여러 가지로 반응해버리거든. 특히 누군가가 "평등이 중요합니다!"라고 말하기라도 하면 곧바로 비꼬는 반응이 나타나고, SNS 같은 데서 '머릿속이 꽃밭'이라면서 놀림 받거나 바보 취급을 당하기도 해.

아무튼 이 말은 인간의 어떤 감정의 스위치를 눌러버리는 것 같아. 왜 그럴까?

바로 모두 '세상은 불평등하다'라고 생각하기 때문이야.

너희도 학교나 교실은 대부분 불평등한 곳이라고 생각해.

평등이라는 듣기 좋은 말, 그런 멋진 말을 하는 사람이 꼴도 보기 싫을 만큼 싫지는 않아. 어쨌든 평등은 타당한 것이니까. 하지만 어떻게든 꼬인 반응을 보이는 사람이 많아. 이건 자기 자신이 어떤 대우를 받고 있는지에 대해 살짝 불안감을 느끼고 있기 때문일 거라고 생각해.

그런 내게 이 세상은 평등하냐고 묻는다면 나는 "불평등이 넘쳐흐르고 있죠"라고 대답할 거야. 그런데 불평등이라해도, 그게 어떤 불평등이며 어떤 의미에서 그렇게 느끼는지 자세히 들여다보면 결국 '난 걔랑은 다르잖아' 같은 허술한 이야기가 되지.

아무튼 누가 봐도 부당한 대우를 받고 있어서 힘들어하는 '작고 하찮게 여겨지는 사람'에 대해 "그런 건 불평등해"라고 발언하면, "그런 취급을 받는 건 나름대로 이유가 있는 거니까 그들에게도 책임은 있어"나 "너도나도 똑같이 대우하는 건 어차피 무리야"라는 무책임한 반응이 돌아오기도 해.

반에서 그저 놀림을 당하는 수준을 넘어 끔찍한 취급을 받는 아이가 있는데도, 그 친구에게 다가간다거나 "너무하잖아. 이제 그만해"라는 말은 절대 못 해. '이건 좀 심하지 않나?'라고 생각하면서도, 그 말을 입 밖으로 꺼내면 내게 어떤 귀찮은 일이 닥칠지 짐작하고 고민하는 동안 시간이 흘러 결국 그냥 지나쳐버리는 경우도 있어. 그래서 이건 '정의 vs 악'이 아닌 한 스푼의 '용기'에 관한 이야기야. 이게 잘 안 나올 때도 있지.

용기를 내기는커녕 "그렇게 된 이유가 있을 테니 불평만 하고 있으면 안 돼"라며 '작고 하찮게 여겨지는 사람'을 더 나무라는 사람이 꼭 존재한다는 사실이 난 신경 쓰여. 왜냐하면 여러 의미로 특권을 가졌고 '대단한 존재'로 대접받는, 진짜 풍족한 사람은 끔찍한 취급을 받는 사람들에게 노골적으로 험한 말을 하지 않거든.

그런 가혹한 말을 하는 건, 사실 그 사람 자신이 그다지 풍족하지 않고 '가지지 못한' 약자의 위치에 있음을 나타내. 약자가 약자를 매섭게 몰아세우다니, 약자끼리 서로 공격하는 대화를 누군가 위에서 여유롭게 내려다보는 듯한 서글픈 그림이 그려져. "부자는 싸우지 않는다"라는 말도 있잖아?

약자가 약자를 몰아세우는 광경은 교실만이 아니라 사회 전반에서 목격돼. 그리고 그 원인은 불평등과 격차가 활개 치는 세상에서 많은 사람이 '난 왠지 부당한 대우를 받는 것 같아'라고 생각하기 때문이야. '나도 상당히 부당한 대우를 받고 있는데, 왜 너만 동정이나 도움을 받는 건데?'라는 마음이 생기는 거지.

얼마 전, 안타까운 사정으로 힘든 생활을 면치 못하고 있는 어떤 학생이 방송에 출연했어. 학생의 어머니는 홀로 힘들게 아이들을 키우는 상황이었지. 그런데 학생의 인터뷰 화면에 DVD와 게임기가 찍힌 게 발단이 돼서 이 학생이 인터넷에서 몰매를 맞았어.

생계가 어려워서 나라로부터 지원을 받고 있는 처지에, DVD랑 게임기를 갖고 있다는 게 말이 돼?

비슷하게 '시민의 세금으로 먹고사는 기초생활수급자가 에어컨을 요구하는 건 사치 아냐?'라는 비난도 등장했어. 지원금이 얼마인지 구체적인 금액이 알려지자 '난 그만큼도 못 벌어!(분노)'라며 또 비난 폭주야.

생계가 어려운 사람들이 이 사회에서 평범하게 살아가려면 일자리를 구하거나 의식주를 해결하기 위해 복지 혜택을 받아야 하는데, 그러려면 스마트폰이나 컴퓨터가 있어야 하지. 또 열대화가 시작된 이 땅에서 여름을 나려면 이제 에어컨 없이는 목숨이 위험할 정도니 에어컨이 결코 사치는 아니야. 그건 좀 진정하고 생각하면 누구나 알 수 있는데도, 나도 힘든 생활에 내몰렸다는 생각이 들면 여유가 없어지는 거지. 원망해야 할 대상은 지원을 받는 사람들이 아니라 그 사람들의 수급비보다 싼값에 사람을 부려먹는 경영자인데도 말이야.

이런 식으로 '평등 ─ 불평등'에 대한 이야기는 사람들의 패배감을 끄집어내는 경향이 있어. 그래서 성가신 거야.

'쟤만 고생 안 하네?'

이런 식의 찜찜함이 발생하는 또 하나의 이유가 있어. 바로 우리가 마음속 어딘가에서 '이렇게나 많이 의견을 제시했으니 적절한 답이 돌아와야지'와 같은 등가 교환을 전제하고 있기 때문이야. 이것도 사람이 살면서 익히게 된 무의식적 습관이고, 역시 옳고 그름의 문제는 아니야. 그래서 비난할 수는 없어.

예를 들어 우리 반 아키라가 학교에 오지 않아. 안 온 지 꽤 오래됐지. 친구들도 왜 그런지 몰라. 추측할 뿐이야. 사실 아키라 본인도, 아침에 교복을 입고 현관까지는 나오는데 왜 그 다음 한 발짝을 내딛지 못하는지 알지 못해.

내가 학생일 때만 해도 부등교(일본에서, 질병이나 경제적 이유를 제외하고 심리적·사회적·신체적 요인 등으로 30일 이상 등교하지 않는 학생을 일컫는 말. 단순 등교 거부와는 조금 다르다-옮긴이)라는 순화된 말이 없었고, 대신 '등교 거부'라는 난폭한 말로 표현했지. 그래서 부등교 상태인 아이는 학교에 가지 않으려고 하는 고집불통에 제멋대로인 아이라는 느낌이 강했고, 아이를 그렇게 키운 부모님 역시 잘못이라는 시선도 있었어.

하지만 오늘날 학교에 다니지 않겠다고 결정한 학생은 특이한 아이들이 아니며, 이젠 전국적으로도 부류를 이룰 만큼 많이 있어. 게다가 그중에는 '가고 싶은데도 갈 수 없는' 학생이 있는가 하면, '가기 싫어서 안 가는' 학생도 있고, '가지는 않아도 공부는 좋아하거나', '가지 않고 집에서 공부하는' 경우의 학생도 있지. 어린 나이에 스스로 학교에 '가지 않겠다'라고 판단할 수 있다니 굉장히 강한 아이구나, 라고 난 진심으로 감탄해.

그런 시대가 되었는데도, 학교에 가지 않겠다고 결정한 아이를 대단하다고 칭찬하거나 쉽게 인정하면 불편함을 느끼는 학생도 여전히 있어. 왜 저 아이는 학교에 안 가? 우리도 학교가 탐탁지 않고 가기 싫을 때도 많지만, 그래도 참고 버티잖아. 좋겠네. 쉽게 안 간다는 말도 하고, 인정도 받는 사람은. 게다가 어떤 어른은 '아키라는 그걸 스스로 판단했다'라며 칭찬해. 세상은 너무 불평등해.

　대부분의 경우, 학교에 가지 않는 친구와 달리 자기는 죽을 힘을 내서 학교에 다닌다고 해서 그걸 불평등이라고 생각하지는 않아. 그런데 이 복잡한 마음 구조는 너희가 학교를 졸업한 후 생활 속에서도 흔히 접할 수 있는 구조야. 즉,

'왜 우리만 힘들고, 거기에서 해방된 사람은 평범하게 사는 거야?'라며 부당함을 느끼는 마음이지.

　바꿔 말하면 '고난과 고통은 모두 평등하게 받아야 하는데, 그걸 겪지 않는 사람이 있다는 건 반칙 아닌가요?'라는 논리야. '동아리 시합이 끝나고 다 같이 무거운 물품들을 들고 돌아가는데, 왜 쟤만 빈손으로 편하게 가는 거야!' 같은 마음이지.

　우리 사회는 타인이 뭔가 좋은 경험을 하는 것에 관해 혼자 앞질러 가거나 독차지하는 걸 허락지 않아. 뒤집어 말하면, 힘든 경험 앞에서는 평등이라는 기준이 매우 중요해지지. "모두 다 힘들어하는데 나만 편해질 순 없어"라고 말하는 아

이를 비난하는 사람은 단 한 명도 없어. 하지만 뭔가 좋은 경험을 한 아이의 경우는 달라. 그건 그 아이의 노력과 재능 덕분이니 대단하다고 생각하면 될 텐데도, '웃기네. 자기만 잘난 줄 알아'가 되고 말아. 그리고 원래대로라면 가능한 모두가 평등하게 대가를 손에 넣을 수 있어야 하는데, 그렇게는 되지 않지. 이 세상에서는 평등하게 고통받는 것이 정의가 되기 쉽거든.

뻔뻔해? 안 뻔뻔해?

여기에 이어지는 사례가 일명 '다 같이 손잡고 골인'이야. 운동회 달리기 시합에서는 누가 빠르고 누가 느린지 바로 알 수 있어서 발이 느린 아이에게는 나쁜 기억이 남을 테니, 평등하게 다 같이 결승선을 끊자는 방식이지.

달리기 시합에서 꼴찌가 되는 굴욕보다 '발이 빠른 아이가 적당히 봐주고, 보살핌을 받아서 그걸로 자신의 한심함이 더욱 부각되는' 쪽이 더 잔혹한 것 같지만, 어쨌든 '우열을 가리는 건 격차를 인정하는 것이다'라는 사고방식으로 인해 이런 일이 벌어지고 말았지. 발이 빠르고, 뛰어나고, 재능이 있는 사람도 재능이 없는 사람과 평등하게 괴로워야 한다는 거야. '평등한 괴로움'을 '모두가 부담을 지는 것이 평등'이라는 식으로 바꾸면, '일부의 노력 덕분에 모두가 덕을 본다'라는 말의 이면에 있는 '아무것도 부담하지 않은 사람이 고생하지 않고 서비스를 받는다'도 평등에 관한 문제가 돼. 이것을 정치학이나 경제학에서는 '프리라이더(무임승차자) 문제'라고 불러.

대가를 지불하지 않고 서비스를 받는 건 뻔뻔하다고 여기곤 하지만, 반대로 일부 사람들 덕분에 모두가 필요한 것을 누리게 되는 경우도 얼마든지 있다는 거야.

학교라고 생각하면, 우리 반이 지역 합창 대회에서 상을 받아 "잘했어!"라고 칭찬을 듣는데, 이런저런 핑계로 빠지거나 쉬었던 아이도 같은 B반이라는 이유만으로 공짜로 칭찬을 듣게 되는 거야.

또 어떤 친구가 눈 쌓인 등굣길을 아침 일찍 청소해서 빙판길이 되지 않도록 해준 덕분에, 아무 대책이 없었던 여러 학생들이 손 하나 까딱하지 않고 안전하게 등교한 경우도 있어. 부담을 지지 않고 공짜로 안전을 확보한 전형적인 프리라이더 사례야. 전자는 떨떠름하지만, 후자는 고맙지.

평등에 대해 또 하나의 이야기를 할게. 그렇게 하는 게 합리적이지만 실질적인 대우는 같지 않은 사례도 있어. 예를 들어 남학생과 여학생이 함께 하는 피구는 또 다른 의미로 불평등의 이야기야. 좁은 피구장에서 신체적 능력이 웃도는 남학생이 던지는 공은 강하고 빨라서 가끔은 위험해. 그래서 여학생에게는 힘 조절을 하며 공을 살살 던지기도 하지.

그렇다고 '불평등해!'라고 불평하는 사람은 거의 없지만, '여성은 남성보다 운동 기능이 약하다'라는 객관적 평가가 있는 이상 군인, 소방대원, 운동선수 등의 영역에서는 별도 대우를 하는 경우도 많아(단 미국 해병대는 성별로 분리하지 않아. 철저하게).

일본 전철도 도심부의 경우 아침에만 여성 전용 차량을 운행하는데, 이걸 '여성 차별이다!'라고 하거나 반대로 '성별이 남자라는 이유로 승차를 거부당하는 건 차별이다!'라는 불만이 나오는 경우는 드물어(실제로 있긴 하지만). 왜냐하면 나름대로 따로 구분하는 합리적 이유를 댈 수 있으니까.

여성 전용 차량을 운영하면 전체적으로는 통근이나 통학 시 만원 전철에서의 성추행이 분명 줄어들어. 정말 악질적인 사례도 있지만 붐비는 전철에서 오해가 생길 확률도 높은 편이라, 그걸 피하자는 의미에서 차량 분리를 하면 그런 오해의 확률을 낮추는 데에는 합리적이고, 전철에서 불쾌한 경험을 하는 여성도 줄어들 거야. 시간이 흘러 다수의 행복으로 이어진다면 다른 대우를 받는 것도 좋은 일이지.

자주 혼동하는 게 '자원봉사'야. 자원봉사는 '스스로 나서서'라는 뜻이 핵심이니, 그 활동은 그 사람이 정하는 거야.

그런데 우리 사회에서는 가끔 이 의미가 톡 빠진 '1인 1역(모든 참여자가 최소 한 가지의 역할을 맡아야 한다는 뜻-옮긴이)의 자원봉사'와 같은 표현을 쓰곤 해. 그래서 정신을 차려보면 '자원봉사를 강요받는' 이상한 일이 일어나.

1인 1역이라는 말은 '사소해도 그걸 하나로 모으면 큰 힘이 된다'라는 부분에 무게가 실려 있는데, 문제는 너무나도 평등을 나타내는 것 같지만 사실은 '그렇게 하기로 되어 있으니 하는 게 당연하다'가 돼버렸다는 거야. 모두 이 부분을 놓치는 바람에 이해되지 않는 일들이 여기저기서 일어나는 거지. 그러니까 1인 1역은 봉사 정신과는 정반대의 말이야.

이 문제는 제1장에서 말한 '남의 말 듣기'에 대한 이야기와도 연결돼.

이 문제에 대한 해답은 이제 하나밖에 없어.

진정한 자원봉사는 고통을 서로 나누자는 '고난의 평등'을 위해 강요되는 것이 아니라, 내가 정말 해주고 싶은 마음에서 우러나는 '행복한 불평등'이야.

정말 단순하게 정리되지 않는 게 평등에 관한 문제지.

아무튼 우린 '평등'이라는 커다란 간판이 달린 가게에 무엇이 진열되어 있는지, 좀 더 세세하게 나눠서 확인해야 해.

평등을 세세하게 나눠본다

평등한 출발선 ― 평등한 대우

평등이라는 말에 여러 가지로 반응해버리는 사람이 먼저 알아뒀으면 하는 것은, 평등을 주장하는 사람 모두가 단순히 "전부 다 똑같게 해라!"라고 말하고 있는 건 아니라는 사실이야. 뭐가 진짜 동등한 것인지 설명되지 않으면 '고양이는 매일 낮잠만 자니 편해 보이네. 난 바쁜데. 불평등해'라는 가벼운 농담거리가 되고 말아.

그렇게 되지 않도록 먼저 구별해야 하는 게 평등과 공정(fair)이야. '같은 대우'와 '공평한 대우'라고 구별해도 되겠지. 출발선의 평등과 결승점의 평등으로 나눠서 설명한다면 이해하기 쉬울 거야.

예를 들어 코로나19로 인해 줌이나 팀즈를 사용한 원격수업을 하게 되었을 때, 전교생에게 아이패드를 지급한다는 교육위원회(우리나라의 교육청에 해당한다-옮긴이)의 결정은 모든 학생을 평등하게 대한다는 목표 아래 이루어졌어. 이때 만약 '시험 평균 접수가 50점 이하인 학생에게는 지급하지 않는다'라고 정한다면, 그건 기회의 평등이라는 조건을 빼앗는 거라 불공평해.

몇 년 전, 일본의 일부 의과대학이 오랫동안 남자 수험생의 점수를 슬며시 조작하고 가점을 줘서 결과적으로 합격자가 여학생들로만 채워지지 않도록 해왔다는 사실이 알려졌어. 아무리 열심히 해도 여성이라는 바꿀 수 없는 요인으로 인해 그러한 조작을 당한 것이기에 그건 기회의 불평등이라고 봐야 하지. 용납할 수 없는 이야기야. 피부색 때문에 태어날 때부터 교육받을 기회가 주어지지 않았던, 옛날 미국 남부에서 행해진 인종차별과 하나도 다를 게 없어.

다른 대학의 입시는 어떨까? 내가 근무하는 대학의 입학시험에서는 타고난 요인 때문에 불평등한 대우를 받은 사례는 없긴 해. 그렇다면 누구에게나 평등하게 도전할 기회를 주는 출발점만으로 평등이 완전히 확보됐다고 볼 수 있을까?

교과 과정을 거의 벗어나지 않은 범위에서 공평하게 문제가 출제되고, 차별 없이 똑같은 수험료를 내고, 시험 시작 시각이나 종료 시각도 엄격하게 지켜지고, 이런 철저하게 평등한 운영으로 모두 같은 시험에 도전해. 이 부분이 제대로 준비되어 있다면 문제가 없다고 할 거야.

그러나 타고난 요인으로 인해 엄밀히 따지면 같은 출발선에 서 있다고 생각할 수 없는 부분도 있어. 예를 들어 공부 환경이 그래. 조사에 따르면 대학 합격자 부모의 연봉에서 명백한 차이가 보여. 상위권 학교에 합격한 학생의 부모님이 연봉이 더 높은 편이야.

그렇게 말하면 우리 부모 세대는 잔소리를 하지. "전쟁이 끝난 후 모두가 가난했던 우리 때는, 새벽에 전등이 켜져 있는 곳이 기차역뿐이라 나무로 된 귤 상자를 끌어안고 역 불빛에 의지해 공부했다. 그렇게 해서 명문대에 들어간 친구도 있어. 배부른 소리를 하는 너희는 철이 없어도 너무 없어!"라고 말이야. 물론 모두가 가난했던 시절의 이야기를 지금 시대에 그대로 적용할 수는 없어.

하지만 그렇다고 여기서 끝나야 하는 이야기도 아니야.

태어날 때부터 시작된 불평등

공부 환경의 차이가 이미 정해져 있다는 사실은 너희도 알고 있을 거야. 매일 밤 잔뜩 술에 취해 돌아온 아빠가 엄마와 싸우거나, 할아버지를 간병할 사람이 없어서 열다섯 살 아이가 학교가 끝나면 꼼짝없이 그 역할을 떠안고(영케어러 문제), 부모님이 아이들을 방치하거나(육아 방임), 모든 집안일을 아이가 해야 하는 경우지. 이런 상황이라면 공부할 틈은 도저히 생기지 않아.

아침에 일어나면 아침밥이 차려져 있고, 엄청난 액수를 학원비로 쓰고, 공부에 집중할 수 있는 개인 방이 있는 데다, 못하는 과목은 개인 과외 선생님이 있어서 공부 말고는 아무것도 할 필요가 없는 학생은 아무래도 유리해.

집에 아틀리에가 있고, 유치원 때부터 그림 도구나 크레용 같은 게 아쉬움 없이 주어지고, 피카소나 드가의 스케치 화집을 볼 때 화가인 할아버지로부터 "위에다 대고 그림 그려도 된단다"라는 말을 들으며 자란 아이는 미술대학에 합격하기 쉬울 거야.

어떤 환경에서 자랐는지, 어느 지역에서 생활했는지는 태어난 아이가 자기 능력으로 선택할 수 없는 조건이야.

그래서 그런 요소가 상당한 영향을 주는 경쟁을 하면, 모두에게 열려 있는 시험이라 하더라도 "그건 모두에게 열린 게 아니잖아!"라고 말하고 싶어져. 세상에는 '공부할 시간 있으면 대대로 이어오는 가업이나 도우라'는 말을 듣는 사람도 있는데, 그럴 땐 불굴의 의지가 없는 한 "전 의대 갈 거니까 아버지 뒤는 못 이어요"라는 말을 절대 못 해.

우리 사회에서 일부 여성 세대는 '어릴 때부터 여자는 결혼해서 아이를 낳아 가족을 지키는 게 가장 큰 행복'이라고 들으며 자랐어. 그리고 걸핏하면 "여자니까", "여자답게" 같은 말을 귀에 딱지가 앉도록 들어왔지. 그렇게 오랜 세월에 걸쳐 마음속에 '정상적인 여성의 기본 섬네일'을 심어왔으니, 하버드 의대를 졸업하고 실력 있는 외과 의사가 되어 뉴욕 대형 병원 응급실에서 많은 사람의 생명을 구하는 내 모습은 상상조차 할 수 없었어. 그건 망상에 가까운 이야기니까.

그렇다면 그건 이미 이 사회의 기본적 조건부터 불평등했다는 사실을 보여주는 거야. 미래에 대한 선택지를 어떻게 스스로 만들고 정할 것인지가 이미 머릿속에 슬며시 자리 잡은 거지(딱딱한 표현으로 '적응적 사고 형성 조건의 불균등 배분'이라고 해).

미국의 정치학자 존 롤스는 **평등은 자기 인생에 어떤 기회가 펼쳐져 있는지를 전망하는 데 있어 사람이 얼마나 평등하게 의욕을 가질 수 있는지**가 상당히 중요하며, 만약 처음부터 포기하는 사람이 많다면 그 사회에는 어떠한 불평등이 존재하는 것이라고 말했어.

태어날 때부터 이미 많은 것을 '포기당하게' 되는 거야.

입시에서의 인종 구분, 남녀별 정원

이 책은 되도록 학교나 교실 내에서 일어나는 일로 설명하니 조금 벗어나는 걸 수도 있지만, 미국에 흥미로운 사례가 있어 좀 살펴볼까 해. 배움의 조건이 무엇인지에 관한 사례로 너희와도 관련된 이야기야.

아프리카계 미국인의 슬픈 역사는 미국이 건국되기 200년 전부터 시작되었어. 전 세계적으로 인종차별에 대한 비난이 일자, 1954년 법원이 '차별은 헌법 위반!'이라는 판결을 내리면서 1960년대에 공민권법(인종, 종교, 성별, 출신 국가 등에 따른 차별을 금지하는 미국 법률-옮긴이)이 생활 속에 자리 잡았어. 헌법에 '모든 인간은 평등하게 창조되었다'라는 말이 있어도 남부 지역에서는 좀처럼 차별이 사라지지 않았기 때문에, 대원칙으로서 평등할 뿐만 아니라 결과, 즉 결승점도 평등할 수 있도록 사회적 시스템을 구축한 거야.

평등을 실현하기 위해 '인종 쿼터제'를 통해 일정 부분 할당을 두는 것을 의무화한 거지. 인종차별을 방치한다는 건 교육받을 기회를 빼앗는 것과 마찬가지야. 인종차별로 인해 자유롭게 학교를 선택하지 못하는 흑인은 제대로 된 일자리도 찾기 힘들어서 빈곤은 곧 운명이라고 받아들이게 돼. 그건 다음 세대의 교육에까지 직접적인 영향을 주지. 그렇게 인종차별은 비참하고 끔찍한 생활이 영영 이어지게 만들어. 거기서 벗어날 기회조차 빼앗기 때문이야.

그래서 미국 주립대학에서는 입학자 중 흑인을 미리 우대해서, '이 지역에는 이 정도의 아프리카계 사람이 살고 있으므로 그 비율만큼 입학자 수를 할당해 평등한 결과를 확보해야 한다'라는 제도를 만들었어.

이러한 적극적인 대처는 정부와 연관된 기업 같은 곳에도 적용됐어. 비율에 맞춰 흑인을 고용하지 않으면 정부는 해당 기업에 일을 발주하지 않는다는 고강도 정책이 실행되고 20년 정도 지나자, 미국 흑인 중 중산층 생활을 하게 된 사람들이 6배나 늘었지.

교육받고 제대로 된 일자리를 찾으면 인생이 바뀌어. 돈을 성실히 모을 수 있어서 아이들도 좋은 교육을 받게 되고, 무엇보다 인간으로서의 자존감도 가질 수 있어. 반대로 차별은 그만큼 인간에게서 여러 가지를 빼앗아 가.

하지만 이런 입시 방식에 대해 이번엔 벅키라는 백인 학생의 사례를 보자. 벅키는 "아프리카계 수험생보다 점수가 높았는데도 피부색이 하얗다는 이유로 의대 입시에서 2년 연속

탈락했습니다. 이건 인종차별입니다”라며 법원에 소송을 제기했어. 피부색 탓에 자기 실력이 공정하게 평가받지 못했다는 주장이었지.

법원은 오랜 인종차별을 개선하기 위한 적극적 대처가 필요하다는 건 인정하면서도, 대학이 벅키가 탈락한 근거를 합리적으로 설명하지 못했다는 이유로 대학 측의 불합격 통지는 헌법 위반이라는 결정을 내렸어. ‘아프리카계 피부색이었다면 합격했을 것’이라며 벅키가 제출한 증거 자료가 납득되었기 때문에 그의 위헌 청구가 받아들여진 거야.

이 사건은 출발선에서의 평등과 목표로서의 평등의 관계가 매우 복잡한 문제를 담고 있다는 사실을 보여줘. 제대로 평등한 대우를 하려면 생활 속에 자리한 체제(인종 쿼터제)를 만들 필요는 있지. 하지만 벅키처럼 직접 선택한 것이 아니라 어쩌다 유리한 쪽에서 태어났다고 해서, 그런 어떻게 할 수 없는 요인 때문에 자기 삶이 정해진다는 것 역시 불합리한 거야. 몇백 년 동안 이어졌던 백인의 인종차별에 대한 대가를 다음 세대 청년이 모두 짊어지게 된 것도 참 안타까워.

비슷한 일은 일본 사회에서도 일어나고 있어.

일본 도쿄도립고등학교는 남녀별 입학 정원이 달라. 그리고 대부분 남학생보다 여학생 쪽 경쟁률이 높지. 그렇게 되면 벅키와 같은 일이 벌어져. 남학생의 커트라인 점수보다 높아도, 여학생의 성적이 전체적으로 높으니 일부 여학생이 불합격하는 경우가 생기는 거야.

여기서 발생하는 '남학생 커트라인 점수보다 높은데 여자라는 이유만으로 불합격되는 건 성차별입니다'라는 항의에도 합리적 근거가 있어. 이 주장에 반박하려면 학교 측은 남녀별 정원을 따로 정해둔 이유를 제대로 설명해야 할 거야(이 경우의 남녀별 정원은 2024년 입시부터 폐지되었어).

이번 장도 길어지고 있으니까 여기서 지금까지 말한 내용을 정리해볼게.

평등이라는 말은 사람의 어떤 감정을 켜는 스위치로, 특히 자기가 부당한 대우를 받는 건 아닌지 불안해하는 사람의 심리에 큰 영향을 줘. 이때 힘들어하는 사람이나 약자에게 엄격한 태도를 보이는 사람은 여유 있는 사람이 아니라 여유가 없는 사람인 경우가 많아. 약자가 약자를 공격하는 셈이지.

평등을 둘러싼 꺼림칙함은 여러 가지인데, 우리 사회에서는 '고통의 평등한 분배'라는 부정적 이미지가 강하고, 불평등이 생기는 근본적 원인에 대해 생각하려는 노력은 부족해.

평등이나 불평등에는 프리라이더나 특별 대우나 자원봉사 등 여러 문제가 포함되어 있으니, 이런 요인들을 제대로 구별하지 않으면 그냥 투정 부리는 게 될 거야.

우선 '출발점에서의 평등'과 '결승점에서의 평등'을 근거로 생각하면, 공평하다고 생각했던 출발점에서의 조건도 이미 불평등을 기반으로 만들어졌음을 깨닫게 돼. 결국 중요한 건 '미래에 대한 기대를 공평하게 가질 수 있는 조건'이라는 사실이지.

평등에 대해 사람들이 어떤 고민을 해왔는지는 미국의 인종차별 문제를 보면 알 수 있어. 대학 합격자를 정할 때 소수 인종을 우대한다는 적극적인 정책은 결승점에서의 평등 확보를 목표로 했지만, 역차별이라는 비판도 성립하기 때문에 매우 까다로운 문제를 포함하고 있지. 이는 일본 고등학교 입시에서의 남녀별 정원이라는 사례에서도 명백하게 드러나.

평등하지 않으면 곤란해지는 이유

집단이 붕괴된다 — 적의가 분단을 만든다

평등에 관한 문제도 여러 가지라는 사실을 조금은 알게 됐을 거야.

거기서 또 '원래' 이야기로 돌아갈게. 어쩔 수 없어.

왜 불평등이 지나치면 불편해지는 걸까?

많이들 오해하는데, 사람이 잘살고 못사는 이유는 마음가짐 때문이 아니야. 이 이야기는 좀 까다로운 부분이 있어서, 경솔하게 시작하면 너무 깊이 파고들어가 이야기가 길어질 수 있으니 조심해야 해(빈부 격차의 원인은 정말 중요한 문제인데, 이 책에서는 최대한 한쪽에 치우치지 않게 설명하려고 해).

사람이 잘살게 된 이유는 여러 가지야.

크고 전망이 좋은 회사에 다녀. 또는 시대의 흐름이나 기회를 잡아 독창적인 일을 하며 자기만의 성과를 내고 그것을 높이 평가받아. 높은 수준의 교육을 받으며 실력을 빠르게 키우기도 하지. 그렇게 된 이유도, 될 수 없었던 이유도 여러 가지야.

몸 하나만으로(제로베이스에서 시작해) 모든 성과를 달성해서 억만금의 부를 얻은 사람도 있어. 그 정도는 아니지만 사업 수완이 좋고 인복과 행운이 따라 풍요롭게 살 정도로 돈을 번 노력가도 있지. 반대로 순간의 실수 때문에 언덕길에서 미끄러지듯 빈곤에 빠진 사람도 있을 거야. 태어날 때부터 모든 게 갖춰진 사람도 있어. 흔히 '금수저를 물고 태어났다'고 하지. 반면 운도 없고 악조건에 발목 잡힌 사람도 있어.

이러한 차이는 세상에 너무도 당연하게 존재해. 그리고 명백하게 부정한 방법으로 부자가 된 사례를 제외하고 이 차이는 어느 정도 당연하게 받아들여지고 있지.

그래서 너희를 위로하려고 어른들은 이렇게 말해. "노력하면 어떤 꿈이든 이루어진단다"라고.

그런데 너무 불확실하고 어설픈 조언은 도움이 안 돼. 이루어지지 않는 경우도 많으니까.

부유한 집안이 100년 걸려 쌓아 올린 부를 하루아침에 손에 넣을 수 있는 사람은 이제 몇천만 분의 일 정도의 운이 따라야 해. 아주 옛날에 한 가난한 사람이 "신이시여, 저는 왜 이렇게 사는 게 힘든가요?"라고 하늘에 물었어. 이에 교회와 절은 무슨 답을 했을까?

"더 사랑하고 기도하세요."

"모든 걸 버리셔야 합니다."

하지만 독일의 사상가 마르크스는 협력으로 이룩한 재산을 나누는 세상의 방식은 잘못됐다고 처음으로 과학적으로 설명했어. 그는 빈부 격차는 날씨 같은 자연의 힘으로 만들어진 게 아니라고 했어. 거기에는 '조작'이 있다면서.

그는 빈부 격차가 심한 세상을 어떻게 하면 바꿀 수 있는지에 대해 "일하는 사람들이 견디지 못해 세상을 뒤집게 될 것입니다"라고 말했어. 하지만 이후 알려진 답변은 자칭 제자라는 사람들이 제멋대로 한 말이고, 그걸 시도한 나라가 그 후 뜻대로 되지 못했다는 게 지금의 세계사가 보여준 답이야

(미래는 어떨지 모르지만).

알 수 있는 건 '규율 없는 시장 경제에서의 경쟁은 사회를 무너뜨린다'라는 사실뿐이야. 그리고 그걸 알고 있어도, 손익을 따지는 인간의 방자함 때문에 시장 경제를 바탕으로 한 삶의 격차와 불평등은 쉽게 나아지지 않아. 여전히 전 세대에 걸쳐 잘사는 사람과 못사는 사람을 만들어내고 있지.

그런 조건을 안고 있는 사회에서는 기회가 평등하게 주어졌다고 해도 사실은 '시작부터 불평등'할 수밖에 없어. 불리한 조건에서 태어나고 자란 사람이라면 '앞으로 뭘 하든, 왜 그렇든, 차이는 극복할 수 없어. 뭘 해도 소용없어'라는 자포자기의 심정이 들 거야. 많은 것을 포기해버리는 거지.

'우리'와 '저 아이들'은 영원히 가까워질 수 없다는 단절된 마음이 드는 거야.

이게 심해지면 우리가 대전제에서 확인했던, 사회가 존속하기 위한 기본적 신뢰가 점점 사라지게 될 거야. '의대 입시에 여성 차별이 있다고? 그런 건 부잣집 공주님 이야기지 우리랑은 상관없잖아. 우리의 머릿속은 어떻게 하면 더 많이 쉬고 더 맛있는 음식을 먹을 수 있는지로 가득 차 있는걸'과 같은 인간 집단의 분열은 정말 씁쓸하지. 이렇게 분열이 더 심화하거나 여러 세대에 거쳐 고정화되는 것을 '계급'이라고 해.

일본의 경우, 내가 청소년이었을 때는 세계가 불경기와 고물가로 괴로워하는 것을 곁눈질하면서 어떻게든 경제를 부흥시켰기 때문에 '일억총중류 사회(일본 경제 전성기였던 1970~1980년대에 일본 1억 인구가 모두 중산층이라고 인식하던 사회 현상-옮긴이)'를 실현할 수 있었어. 그래서 기본적으로 평평하고 분단 없는, 중산층이 아주 많은 나라라고 착각했었지. 하지만 오늘날의 모습은 이미 계층별 분단이 아주 심해진 상황이야.

머리말의 '대전제'에서 말한 걸 다시 한번 떠올려보자.

나와 직접 만난 적이 없고 앞으로도 만날 일은 없겠지만, 누군가 부당한 상황을 겪고 있다면 "그건 너무 심하지 않나요?"라며 곁에 다가와줄 사람이 반드시 있을 거라는 '신뢰'. 이 신뢰가 있기 때문에 사회라는 '크기는 가늠할 수 없어도 분명 존재할 거라고 생각되는 집단'이 버틸 수 있어. 하지만 서로에게 '그 사람들은 우리랑 다른 세계의 사람들이야'라는 마음이 생겨버리면, 이제 '그건 너무 심하지 않아?'가 아니라 '그 사람들이 그런 일을 겪는 건 자업자득 아냐?'와 같은 마음이 튀어나오고, 제3장에서 말했던 여러 관계를 맺거나 협력하는 모습이 사라질 테니 말 그대로 엉망진창이 될 거야.

그건 역시 좋지 않아. 너희가 학교를 졸업하고 사회에 나갔을 때 되도록 그런 상황을 만나지 않길 바라. 왜냐하면, 계속 반복해서 말하지만, 우리는 작고 나약한 존재라 함께 힘을 모으지 않으면 행복해질 수 없으니까.

자존심을 빼앗는다 — 가능성을 없앤다

극복 불가능한 상태가 유지된 채로 불평등과 빈부 격차까지 생기면 우리는 자신을 긍정하는 힘과 그 근거를 점점 잃게 될 거야. 이렇게 사는 게 힘들고 어차피 언젠간 죽을 걸 알지만, 그래도 어떻게든 즐겁게 살아나갈 수 있는 건 아무리 따분해도 '이 세상에 태어나서 다행이야'라는 소소한 존재의 기쁨을 찾아낼 수 있기 때문이야. 그렇지 않으면 사람은 아침에 일어나서 세수할 기력조차 생기지 않을 거야.

내가 선택할 수 없는 조건과 보잘것없는 나 한 사람의 힘으로 달라지지 않는 현실을 직면하고 많은 것들을 포기해야 한다면, 내가 이 세상에 존재하는 의미가 있을지 의심하고, 미래는 지금보다 더 불안해져서 뭘 해도 안 될 거라며 의지를 잃고 자포자기할 거야.

돈이 없거나 좋은 학교에 들어가지 못하는 건 오직 그 사람이 잘하고 못하고의 문제가 아니라 운이나 일률적으로 정할 수 없는 요인과도 연관되어 있어. 그러나 우리는 '난 뭘 해도 안 돼'라고 쉽게 단정 지어버려. 지금은 아직 발견하지 못했을 뿐 생각을 전환해 긍정적으로 만들 수 있는 동기나 방법이 아직 남아 있는데도, 불평등한 격차가 심해지면 자신에게 잠재된 가능성을 찾아볼 기운도 사라지지.

심각한 불평등과 격차는 인간에게서 희망을 빼앗고 인간을 잠들게 만들어.

물론 모든 사람은 자기가 원하는 삶을 살 수 있다고 근거도 없이 장담하지는 못해. 어느 정도 나이가 들면 바라는 게

다 이루어지지 않는 현실에 낙담하며, 술집에서 누군가 '만약 다시 태어난다면?'과 같은 질문을 던지기만 해도 할 이야기가 많아지니, 인생은 참 복잡해.

그런데 그건 0점과 100점이라는 두 종류만 있는 이야기는 아닐 거야. 우리에겐 드넓은 중간 영역이 있어. 그래서 '벤츠를 못 사니까 인생의 패배자, 아파트를 샀으니까 이젠 승리자'인 것도 아니지. 고등학교 입시에 떨어졌다고 해서 앞으로의 인생이 진흙탕 길인 것은 아니야. 또 상위권 대학에 잘 보내는 고등학교를 갔어도, 20년 후에 우연히 지하철 안에서 만나보니 그저 업무 스트레스에 찌들어 있는 아저씨가 된 경우도 심심치 않아.

이 사실을 점점 깨닫게 될 테고 실제로 사회에서도 그런 사람들을 많이 만나게 될 거야. 그럼에도 불구하고, 어린 시절 각인된 '난 별 볼 일 없는 존재야'라는 딱히 근거도 없는 고정관념은 불평등과 격차 안에서 더 심해져서 행복해질 수 있는 약간의 가능성마저 스스로 빼앗게 돼.

숨은 보석을 발견하지 못하게 된다

불평등과 격차가 걸림돌이 되는 건 자기 가능성을 찾을 때만이 아니야. 친구를 비롯한 주변 사람들도 색안경을 끼고 보게 돼.

자기 자신을 있는 그대로 긍정하지 못하는 사람들이 많아지면 그 사람들은 자신감을 잃고 쥐 죽은 듯 틀어박히겠지. 타인의 화려한 모습과 그들의 시선을 피하고 싶어지거든. 그리고 조용히 자신의 존재를 위협하지 않는 사람들과 어울리게 될 뿐이야.

사람에게 어떤 반짝반짝 빛나는 능력과 센스가 숨어 있는지는 아무도 몰라.

반드시 있다고 단언할 수는 없어. 하지만 없다는 근거도 없지.

그래서 찾아내고 싶은 거야. 이유는 이미 여러 번 말했어.

우리는 작고 나약해서 도움이 필요한 존재니까.

하지만 많은 사람이 무대에 올라오지 않으면 우리는 인생이라는 연극에서 뛰어난 배우를 발견할 수 없어. 제대로 고마움을 전하고, 또 함께 연기하자는 약속을 하고, 다른 친구를 소개받고, 그 사람에 대해 '이런 사람이 있었구나!'라는 마음이 들면서 '우리도 아주 쓸모없지만은 않구나'와 같은 소소한 자신감과 에너지가 만들어져. 세상은 어느 정도 평등하고, 그 속에서 위대한 사람을 쉽게 찾을 수 있다는 뜻이야.

앞에서 다뤘듯이 우리는 민주주의를 '다수결'이라고만 대답할 정도로 가볍게 생각해왔어. 그리고 민주주의가 우리의 삶과 일상생활에 어떤 영향을 주는지에 대해 설명했어. 내가 없는 곳에서 일방적으로 결정되지 않길 바라는 마음으로, 남의 말을 들어야 하는 이유나 듣게 해야 하는 이유를 명확히 하고, 직접 결정하고 감수함으로써 협력하며 살아가는 방법이라고 했지. 그리고 여기서 민주주의의 고마움을 하나 더 추가한 거야. 다시 한번 확인할게.

평등을 소중히 여기는 민주주의 덕분에 우리는 위대한 사람을 쉽게 발견할 수 있다.

다시 말해 무언가를 결정할 때, 참여하는 사람이 적으면 적을수록 위대한 사람을 발견하기 어렵다는 뜻이야. 독재국가는 지독하고 비열하며 비참한데, 그렇게 된 원인에는 가난 외에도 '협소함'이 있어. 무대에 오르는 사람이 너무 적어서 다양한 재능이나 센스를 발견할 수 없는 거지. 그러면 지나치게 어리석고 감각이 떨어지는 사람의 취향대로 세상이 채색되고 말아.

그런 의미로 평등은 단순히 도덕적으로 정당해서 중요하다는 게 아니야. 작고 나약한 우리가 몇 배 더 강한 힘을 내기 위해서는, **불평등을 줄이고 격차를 좁혀 민주주의의 강한 토대를 만드는 편이 더 이득**이라는 거야.

민주주의를 논하는 데 손익을 따진다며, 불성실하다거나 불순하다고 잔소리하는 사람도 있어. 인간의 도리를 열심히 설득시켜서 사람의 몸이 움직인다면 다행이지. 하지만, 우리의 몸을 확실히 움직이게 하는 건 깔끔하게 정리된 손익 계산이야. 자기에게 이익이 된다고 생각하고 합리적으로 이해를 한다면 사람은 몸을 움직여 정치에 참여하게 되겠지.

'차별이나 따돌림은 안 돼요'만으로는 부족하다

이것을 뒤집어도 똑같이 말할 수 있어. 해결하지 못한 차별과 편견, 그리고 거기서 이어지는 따돌림 문제에 대해 이야기할게. 차별과 편견은 사람의 도리에 어긋난다고 하지. 그래, 맞는 말이야.

'어떤 사람인가?'는 매우 중요한 질문이지만, '사람을 평가하는 방식'이 두서없거나 억지스럽다면 일방적으로 '쟤는 인간 말종!'이라며 거칠게 끝내버릴 수 있기 때문에 주의가 필요하지. 오해받기는 싫으니까 다시 한번 강조할게.

사람을 차별하고 편견을 바탕으로 멋대로 편 가르기를 하는 건 정말 좋지 않아. 왜냐하면 대전제에서 확인한 대로, 사람은 누구나 이 세상에 딱 한 번만 등장하는 기적과 같은 존재이며 대체 불가능하니까. 한 명 한 명 모두 소중하게 대해야 하고, 타인에 관한 완전한 정보가 없으니 사람을 일반화해도 된다는 근거는 어디에도 없어.

이 사실을 전제로(이 부분을 강조하지 않으면 말꼬리를 잡고 따지는 사람들이 있으니, 앞으로 두 번 정도 더 얘기할 것 같네, 미안) 반드시 확인해야 할 부분은 이거야.

욕망을 힘의 원천으로 삼는 인간이 살고 있는 이 세상에서 차별과 편견, 따돌림이 사라질 가능성은 거의 없어.

그러니까 '차별 타파!'를 목표로 삼는 건 '이 세상에서 모든 악을 무찌르는 게 삶의 목적'이라고 말하는 것과 같아.

이 말은 '차별이나 따돌림은 절대 없어지지 않으니 별수 없다(내버려둘 수밖에 없다)'는 게 아니야. 오카다 켄지는 차별을 옹호한다며 즉결심판을 내리는 사람이 있을지도 모르니 바꿔 말할게.

교실이나 강당에서 "차별해서는 안 됩니다. 옳지 않습니다. 옳지 않은 것은 없애야만 합니다"라는 말'만' 계속 들으면 우리는 뭔가 해결될 거라는 느낌을 전혀 받지 못해. 옳다고 생각돼도 그게 피부로 와닿지 않기 때문이야.

매일 학교에서 어쩐지 꺼림칙한 대우를 받는 듯하다고 느끼며 살아가는 너희에게, 그건 도저히 이해되지 않는 수학 문제 앞에서 얼어붙었을 때 "왜 이런 것도 몰라?"라는 말을 듣는 것과 마찬가지야. 알다가도 모르겠어, 이런 느낌이야(난 계산하는 방식은 알아도 '6분의 1을 8분의 3으로 나눈다'를 도저히 머릿속에 그려내지 못해서 이건 '모른다'라고 판단했어. 그리고 결국 꾀를 부려 답을 내고 타협해서 대학교수가 됐지. 이걸 타락이라고 해. 그래서 매일 대학에서 다시 시작하려고 하지).

그래서 "차별은 안 됩니다. 나쁜 사람이에요"라는 말'만' 반복하면 이렇게 답하게 돼. "그런 건 이미 알고 있고 저도 불편해요. 하지만 어떻게 하면 되는데요? 몇만 번 물어봐도 '내가 딱히 제대로 된 대우를 받지 못하는 기분이 든다'라는 비뚤어진 마음은 달라지지 않잖아요?"

하지만 그 우울한 기분을 들게 하는 타인들의 말과 행동은 도저히 사라지지 않아.

제가 정말 듣고 싶은 건 무조건 '안 된다'라는 말이 아니라 조금이라도 편해질 수 있는 구체적인 방법이에요.

너희의 불안한 마음이 이렇게 말하고 있어.

차별과 편견은 쉽게 사라지지 않아. 중요한 건 이런 마음이 일상생활에 나타나고 구체적으로 누군가 싫은 느낌, 괴로운 마음, 불쾌한 기분을 느꼈다면, '더 이상 막을 수 없는' 수준이 되기 전에 서로 도와서 지혜롭게 최악의 사태를 피할 수 있는 구체적 방법을 고민하는 거야. 비록 친한 친구가 아니더라도 말이야.

'차별 타파'와 같은 먼 미래의 일을 지금 당장 하지 않고, 우선 작고 나약한 우리가 서로를 도와 최악의 사태가 되지 않도록 '일부러' 고민해보려면 무엇이 필요할까? 억지로 학급 전체가 단결하지 않아도 되니 구체적으로 생각해봐.

물론 "차별은 좋지 않아요"라는 선생님 말씀은 거짓이 아니야. 그러니 도움이 될 자료, 예컨대 차별 문제에 대해 쉽게 이해할 수 있는 실제 참고 사례를 얻기 위해 선생님께 "알려주세요"라고 제대로 부탁드리면 돼. 성실하고 진지하게 그런 가르침을 주는 사람은 고맙게도 '서로 알고 지내는' 사회의 '서로 알고 지내는' 동료니까.

편견에서 벗어날 수 있을까?

그렇다면 지금 이 글을 쓰고 있는 내 몸과 마음에도 차별과 편견을 만들어내는 무언가가 있을까?

당연히 있지.

그리고 난 그걸 되도록 '놓지 않으려고 해.'

편견을 놓지 않도록 노력한다고요?

맞아. 편견을 놓으면 오히려 편견에서 벗어날 수 없거든.

편견을 극복하기 위해 제일 필요한 건 **머리, 몸, 정신에 스며든 무언가와 그것으로 인해 나타난 말과 행동을 단지 없던 것처럼 만들지 않으려고 부단히 노력하는 거야.**

난 최근 야구 연습을 열심히 하던 아들에게 태연히 "남자다운 모습을 보여줘야지!"라는 말을 해버리고, 과자를 나눠주겠다는 딸에게 별생각 없이 "그렇게 여자애들이나 먹는 과자는 술안주가 안 돼"라고 말한 바람에 혼쭐이 났지. 어릴 때부터 구시대를 살아온 아버지가 뱉는 시대착오적 발언을 항상 들어왔기 때문이야. 어느 지역의 여성분에게는 "오카다 선생님은 무의식적 편견이 있으시군요!"라는 지적도 받았어. 말 그대로야. 그걸 없던 일로는 할 수 없어.

그런 경험은 내 몸의 일부가 된 무언가를 생각할 중요한 계기가 돼. 그것을 떼어내고 잊는다고 해서 이제 내겐 편견 같은 건 없다고 단정 짓지는 못해. 몸에 밴 무언가를 발견할 기회가 사라지는 거야.

편견 그 자체도 골칫거리지만, 더 골칫거리인 건 '그런 게 나에게 있을 리 없어'라며 악의 없이(이 부분이 중요해) 문을 닫아버리는 태도야. '인간은 모두 평등하다고 담임 선생님도 말씀하셨으니까!'라며 거기서 한 발짝도 나아가지 못한 채로 어른이 되고 말아. 그래서 경계가 필요해, 나 자신에게.

이 방식은 평소 의식하지 않았던 편견이나 선입견이 눈앞에 들이밀어지고, 싫은 걸 코앞까지 가져오는 것과 같지. 분하고 불편하며 슬퍼지는 경험이야.

그래서 되도록 그걸 외면하고 싶기도 해. 마음의 여유가 없을 때 누군가가 너무 센 말투로 파고들거나 한 점 의혹도 없는 정의로 따지고 들면, 나 자신을 지키려는 마음에 오히려 더 공격적인 태도가 되면서 내겐 편견이 없다고 억지로 우기고 싶어지지. 하지만 그러면 짧은 인생에서 풀어야 할 숙제가 또 쌓이는 것일 뿐, 같은 일은 계속 반복될 거야.

그런데 다른 각도에서 보면, 편견을 버리지 않는 작전은 '누구에게도 비난받지 않고 완전무결하며 정의를 사랑하고 훌륭한 사람이 되어야 한다'는 절대 이루지 못할 목표에서 해방되는 것이니 오히려 마음이 편해질 거야.

내게도 편견은 있어. 아마도 그건 수많은 경험을 통해 조금씩 마음속에 스며들어 내 근육의 일부가 됐을지도 몰라. 그 원인을 찾게 된다면 적어도 사람을 불쾌하게 만들거나 슬퍼하게 하는 말과 행동이 조금이라도 줄어들 거야. '미안해요, 지켜봐주세요' 같은 거지.

아무래도 이런 태도가 모든 면에서 완벽해지도록 애쓰는 것보다 훨씬 더 편하고 느긋하게 생각할 여유도 생기니 나 자신을 조금씩 고쳐나갈 수 있는 방법이기도 해. 어쨌든 차별과 편견이 없는 훌륭한 사람이 돼야 한다는 조바심에서 벗어날 수 있으니까 꽤 도움이 될 거야.

그런 식으로 생각하면 되지 않을까?

지금까지 한 이야기를 정리해보자.

기본적으로 불평등이 넘치는 세상이지만, 방치해서는 안 돼. 왜냐하면 불공정한 일이 많아지면 부당한 대우를 받는 사람들이 괴로워지고 자포자기하는 것을 넘어 적개심이 생기고, '아무리 그래도 그건 아니지'라며 공감해주는 사람이 존재한다는 신뢰가 점차 사라지기 때문이야. 그건 사회 기반이 붕괴되는 일이지.

불평등과 차별로 인해 자포자기하고 적개심을 느끼는 사람이 늘어나면, 우리가 가지고 있었던 '나도 쓸모없는 사람은 아니야'와 같은 자존심도 약해져서 미래를 제멋대로 단정 짓고 가능성을 차단하게 돼.

그건 우리 주변에 있는, 아직 보지 못했지만 가능성을 가진 보석들을 발견하기 힘들게 만들지. 작고 나약한 우리가 그런대로 즐겁게 살아가기 위해서는 우리 주변의 소박하지만 위대한 사람들을 발견해야 해. 평등한 세상은 그런 이익의 측면에서도 필요한 거야.

이 사회에서 차별과 편견을 극복하기 위해서는, 완벽한 상태, 즉 '차별도 편견도 없고 악이 만연하지 않으며 정의가 지배하는 세상'이라는 비현실적인 소리만 할 게 아니라, 일상생활 범위 내에서 최악의 사태를 방지하기 위해 각자가 할 수 있는 최소한의 행동을 고민해야 해.

그 첫걸음으로 '내겐 편견 같은 건 없어'라는 생각에 너무 기대지 말고, 반대로 자신에게 있었지만 그동안 눈치채지 못했던 편견을 기준점으로 삼은 후 그걸 잊지 말고 스스로를 조금씩 고쳐나가보자는 거야. 훌륭한 사람이 돼야 한다는 거창한 목표 없이 무리하지 않고 실천할 수 있는 방법이야.

전부 다 적진 못했지만, 이번 장도 꽤 각오를 다지며 이야기했어. 내 약점은 모른 체하고 훌륭한 말만 해버릴 수도 있는 위험한 장이었지. 그렇게 되지 않도록 스스로에게 채찍질하며 정리했어.

다음은 드디어 마지막 장이야.

마지막 장은 대체로 '총정리'라, 그 부분만 읽으면 반드시 구름이 걷히고 햇빛이 비추며 희망의 대합창 같은 게 펼쳐져 있을 거라 기대하지. 하지만 지금까지 나와 함께해온 너희는 이미 눈치챘을 거야. 다음 장도 별반 다르지 않을 거야.

하지만 화려함 속에는 대체로 대단한 건 들어 있지 않아.

그래서 마지막 장도 지금처럼 길고 출처를 알 수 없는 아재 개그가 섞인, 학교에서는 별로 들어본 적 없는 이야기를 하고 마무리하려고 해.

마지막 장에서 하려는 말 역시 그렇게 훌륭한 건 아냐.

우리가 살아갈 날은 길어.

자기 책임 같은 건 무시하고, 여러 번 다시 시도했지만 그래도 힘들다면 도망쳐.

학교는 목숨 걸고 가는 곳이 아냐.

학교에 들어간 지 55년이나 지나고도 여전히 학교에 있는 내가 하는 말이니 틀림없어.

그런 이야기야.

제 5 장

정치는 우리 삶에 도움이 된다

— 책임·민주주의·정치

자기 책임론은 무시하자

너희의 힘을 갉아먹는 말

이제 마지막 장이야. 여기서는 지금까지 4개의 장에 걸쳐 이야기한 내용이 수직이 아니라 수평적으로 이어져 있다는 것, 다른 말로 설명해왔지만 사실 모두 같은 말을 하고 있다는 사실을 보여줄 거야.

그러면 너희는 바로 "네? 앞 내용은 기억 못 하는데요"라며 걱정하겠지. 하지만 자연스럽게 "어라? 이어지잖아?"라고 깨닫게 될 거야. 걱정할 필요 없어. 그것보다 너희 대부분은 이미 그 사실을 깨달았을 거야.

제4장에서 민주주의의 기반인 평등과 공정, 편견에 관해 설명했어. 그런데 그렇게 강조해도 적은 만만치 않아. 왜냐하면 적은 괘씸한 악당이 아니라 착한 사람의 마음속에 숨어 있으니까. 제4장의 내용을 제대로 마음속에 새기려면 내 안에 숨어 있는 악당, 즉 최종 보스를 혼내줘야 해. 그러지 않는다면 내가 지금까지 줄곧 떠들었던 내용이 전혀 와닿지 않을

거야.

질리겠지만, '시작하며'에서 선언했던 것처럼 난 너희에게 설교할 생각으로 이 책을 쓴 게 아니야. 그런데 설교할 생각은 눈곱만큼도 없어도 아재 개그를 하고 싶어질 때는 있어.

난 지금 너희처럼 청소년기를 보내고 대학 입시를 넘어 간신히(기어가듯 겨우) 강의실에 도착해서는 정말 안타까운 발언을 하는 대학생들을 많이 봐왔기 때문에 속으로는 늘 너무나 안쓰러웠어. 그래서 그 경험을 통해 얻은 생각을 한마디로 전하고 싶어.

마음대로 정하지 마.

⋯⋯뭐요?

나보다 훨씬 어리고 아직 아무것도 시작되지 않은 무대에 서 있는 사람이, **어차피 난 아무 쓸모 없으니까**라고 자신을 부정하며 풀이 죽어 겨우 살아가는 모습을 보면 주체하기 힘든 슬픔과 분노가 치밀어 올라. 내 앞의 젊은이에게는 슬픔이,

그들이 그런 생각을 하게 만든 상황, 사건, 사람 등 모든 것에는 분노가.

그리고 최근 10년 동안 많은 젊은이들이 그런 상황에 이 저주의 말을 덧붙여왔어.

그런데 그건 자기 책임 아니에요?

……. 우선 너에게 '넌 쓸모없다'고 말한 사람 여기에 데려오렴(분노).

아니, 특별히 떠오르는 사람은 없는데 대충 그럴 거 같아서요.

이런 세상에. 어쩌면 학교는 개인이 가진 능력을 끌어내는 게 아니라 어떠한 규격에 억지로 맞추는 것을 교육이랍시고, 초중고 12년 동안 많은 아이들에게 줄곧 지적만 해대왔던 게 아닐까?

그렇지 않고서야 이렇게나 많은 대학생들이 항상 자신감

없고, 자기평가도 낮은 데다, 자기 성장을 긍정적으로 바라보지도 않으며, 불안감에 사로잡힌 상태에 이른 걸 이해할 수는 없어.

더군다나 인생의 성공을 판단하는 가치관이 '경제에 이바지했는가?' 정도로 한정되면서, 학창 시절의 경험은 미래의 삶에 현실적으로 어떤 영향을 줄 것인지에 대한 이야기로 쉽게 빠져버리지. 거기에는 '훌륭한 정치인이 된다'나 '훌륭한 공동체를 만든다'와 같은 가치관은 별로 들어 있지 않은 듯해. 사람을 키우는 목표가 '남에게 피해 안 주는 사람', '제대로 돈 버는 사람'이라는 틀에서 벗어나지 않아. 그 자체는 나쁘지 않지만, 왜 '그것밖에' 없는 건지 좀 이상해.

그런 교육을 받아왔으니 질질 끌려가기도 쉬워. 경제 트렌드가 인생의 트렌드에 직접적으로 영향을 주는 것 같기도 해. 내가 근무하는 대학에도 경제 관련 학부가 세 개나 있고, 오픈 캠퍼스(일반 대중에게 학교 캠퍼스를 공개하고 강의를 체험해보도록 하는 행사-옮긴이)를 하면 그 부스에는 항상 고등학생들이 많이 보여(고맙게도).

일본에도 시대를 나타내는 경제 용어가 많아. '전후 부흥

(전쟁이 끝난 후 경제와 사회가 활력을 되찾는 것을 나타내는 말-옮긴이)',
'이자나기 경기(1965년부터 1970년까지 지속된 일본 경기 호황 현상,
일본을 창조한 신인 이자나기의 이름을 따온 말-옮긴이)', '소득 배증
(1961년부터 10년간 국민 소득을 늘리겠다는 일본 정부의 정책-옮긴이)',
'맹렬 사원(1960년대 일본에서 유행한, 목표 달성을 위해 끊임없이 노력
하고 열정적으로 일하는 회사원을 뜻하는 말-옮긴이)' 등등.

'일본은 넘버원'이라는 말도 있었어. 어느 미국 정치인이
쓴 동명의 책 제목에서 따온 것이지. 40년 전쯤에 일본 기업
을 이끌어간 경제인과 정치인이 즐겨 사용했지만, 대부분이 1
등이 될 수 없다는 사실을 외면하고 그 그늘에는 반드시 억
지로 강요받는 사람들이 있다는 사실을 잊게 만드는 말이기
도 했어.

경제 성장률 10%를 넘긴 1960년대에 떠오른 '열심히 한
만큼 보상받는다'라는 말도 사람들에게 각인되어, 자연스럽
게 '돈을 많이 버는 사람 = 노력한 사람', '가난한 사람 = 노
력이 부족한 사람'이라는 단순한 법칙이 사람들의 머릿속을
지배하게 됐지.

이후 거품 경제(1980년대 후반부터 1990년대 초까지 일본 경제 호황

시기-옮긴이)가 터졌다가, 그러한 경제 성장 방식이 더 이상 통하지 않는 21세기가 가까워지자 경제가 예전처럼 성장하지 못하게 된 사태의 범인 찾기가 시작되었어.

사람들은 지금껏 '다 같이 열심히 했기 때문에 지금이 있다'라며 서로를 배려하듯 칭찬해오다가, 갑자기 '경제 성장이 더디게 된 건 노력하지 않은 사람들을 너그럽게 대했기 때문이다'라는 말도 안 되는 논리로 부자들의 세금을 낮추고 서민들의 세금을 올렸어.

그리고 그 논리는 순식간에 "이 세상의 불평등과 빈곤 격차는 모두 자기 책임입니다"라며 '손해는 모두 자기 탓'으로 하자는 얼토당토않은 부분까지 확대돼버렸지.

'네가 한심한 것도 모두 너의 책임'이라면서.

난 일본의 경제 성장이 끝난 것을 이 자기 책임론으로 설명할 수 있는지에 관해서는 별로 흥미가 없어. 그건 경제학자들이 논의할 일이지. '신자유주의'를 검색하면 자세한 설명이 나오니까 시간이 있는 사람은 검색해봐(많이 오해하는데, '신자유주의'를 주장한 사람들은 '경제가 이렇게 된 건 전부 자기 책임'이라는 말을 단 한마디도 하지 않았어. 범인은 그걸 사람들의 마음속에 심은 사람이야).

내가 불안한 이유는 아직 아무것도 시작하지 않은 젊은이들이 이 수상쩍은 논리를 섣불리 조언이라 생각해 마음에 새기려 한다는 거야.

악운도 내가 알아서 해결하라고?

너희는 아직 보호자의 보호 아래에서 의식주를 제공받고 있어서, 학교를 졸업하고 직접 돈을 벌어 살아가는 인생에 관한 이야기는 별로 와닿지 않을 거야. 그래서 가난이나 자기 책임에 관한 이야기를 생생하고 뼈아픈 조언으로 받아들이기는 아직 일러.

하지만 그 나이가 되기 전인데도, 경제 이야기와 어렴풋이 연결되는 '내 학력은 과연 도움이 될까? 아닐까?'라는 형태로 자신을 억지로 평가하려고 해.

그와 관련된 말은 꽤 강해서, 급류에 서면 물살에 떠밀리듯이 뜻대로 되지 않는 이유를 '내가 틀렸으니까'라고 너무나 쉽게 단정 짓게 돼. 결국에는, '이 주식은 펀드 매니저가 무조건 오른다고 해서 샀는데 주가가 떨어져 손해를 봤어. 그래도 내 책임이니까 불평은 못 하지'라는 여유 있는 사람의 이야기와, '배가 고픈데 부모님은 바쁘시고 돈도 없어. 하지만 여기서 빠져나올 수 없는 건 내 능력이 모자라서니까 내 책임 이야'라는 이야기를 한데 묶어버리지.

그런 식으로 생각할 필요도 없고, 남의 탓을 해도 되는데 도 궁지에 몰린 젊은이들 대부분이 "내 잘못이죠"라며 자신 을 부정하고 자기 책임이라는 말로 마음의 문을 닫아.

딱 잘라 말할게. 펄이 들어간 다섯 가지 형광펜으로 동그라 미 쳐둬.

자기 책임이 문제가 되는 건 내가 '자유롭게 선택할 수 있었을 때' 뿐이야. 그렇지 않은 때는 책임을 물을 필요도, 의미도 없어.

돈이 있든 없든,

선생님이 원하는 답을 바로 꺼내든 꺼내지 못하든,

지겨운 공부를 버틸 끈기가 있든 없든,

누구보다 빨리 달릴 수 있든 없든,

시속 15km로 직구를 던질 수 있든 없든,

얼굴이 잘생겼든 아니든,

머리카락이나 눈동자가 무슨 색이든,

부모님이 세상을 떠나셨든,

불경기에 직격타를 맞았든,

부모님 회사가 망했든,

코로나19로 아르바이트 자리가 없어졌든,

말도 안 되는 독재자의 나라에서 태어나든,

장애를 가지고 있든,

그런 건 모두 충분한 선택지들 사이에서 자신이 열심히 고민해서 정한 조건이 아니야. 그러니까 뜻대로 되지 않았더라도 그건 정말 그 사람들의 책임이 아니야.

직접 선택할 수 없는 요소가 전제 조건이 되면, 그 운에 따라 인간의 선택지도, 선택한 후 얻게 되는 결과도 혼자서는 결정할 수도 통제할 수도 없어.

자기 책임론은 그렇게 운명 앞에서 어찌할 바를 모르는 인간의 처량함을 모두 무시하고 끝까지 쫓아가서 "그렇게 되지 않으려는 노력이 부족했던 거니까 어쩔 수 없어. 알아서 해결해!"라며 잘라내버리는, 말도 안 되는 오만한 논리야.

그리고 이건 노력도 했지만 운도 따라줬기 때문이란 사실을 까맣게 잊고, '이 성공은 내 피, 땀, 눈물로 이뤄낸 것'이라며 뽐내는 잘난 인간으로부터 나온, 나와 타인을 경솔하게 바라보는 논리지.

셀 수 없는 사람과 물건, 돈이 국경을 넘어 오가고 있어. 80억이 넘는 인구가 살고 있는 이 지구에서 일어나는 경제 활동은 인간 한 명이 통제할 수 없지. 정신이 아득해질 만큼 수많은 유전자가 교류하고, 천문학적 확률로 그것이 결합해서 사람이 태어나는 건 누구도 막을 수 없어.

아무리 친한 사이라도 우리는 서로 다른 인간이야. 그렇기 때문에 부모든 자녀든 형제자매든 다른 누구든, 누가 누구와 친해지고, 누구와 헤어지고, 누구를 사랑하고, 미워하고, 방해하고, 편애하는 것은 작고 나약한 인간 한 명이 마음대로 조종할 수 없지. 유전자의 우연히 잘못된 인쇄로 인해 발생하는 암세포가 이후 어떻게 될지는 세계 최고의 의학으로도 설명하기 힘들어.

그래서 책임 같은 건 질 수 없는 거야.

만약에 마지막으로 꼭 책임져야 하는 사람이 있다면, 그건 거대하고 복잡한 시스템 아래에서 우왕좌왕하며 조건이 갖춰지지 않아 부당한 대우를 받을 수밖에 없는 수많은 이들을 착취하고 이용하는 사람들, 그런 격차가 쉽게 만들어지는 이 세상의 구조를 방치하고 있는 사람들이야.

그런데도 그들은 '노력했으니까'라며 대충 칭찬받고, 자기들이 해온 일이나 원래 해야 할 일을 방치한 것에 대한 책임은 지지 않아. 더 다양한 선택지가 있는 행운이 둘러싼 곳에 있었으니 무력한 사람들보다는 책임이 클 텐데도 말이야. 오히려 힘든 상황에 처해 있는 사람들이 더 "제 잘못입니다. 많은 분께 피해가 가지 않도록 제가 책임지고 조용히 물러나겠습니다"라면서 희생하는 거지.

이게 말이 돼? 슬픔과 분노로 가슴이 터질 것 같아.

자립의 진정한 의미

그런 이야기를 하면 "그래도 이 사회에서 살아가는 이상 여러 도움을 받고 있으니, '책임지지 않겠어'라는 말은 너무 무책임한 거 아닌가요?"라고 하는 사람이 있어. 그 사람은 또 너무 조심스러울 정도로 자신을 낮춰. 그러면서 남에게 피해를 주는 건 나쁘다고, 모두가 당연하다고 확신하는 인간의 도리, 즉 고지식한 도덕으로 꿋꿋하게 받아치지.

그렇지 않아. 이건 '다른 사람에게 피해를 줬으니 내 잘못이야'라는 이야기가 아니야. 자기 힘으로는 어찌할 수 없는 곳까지 내몰려 그렇게 할 수밖에 없었던 건 자기 선택이 아니라 억지로 강요받은 것이니, 원래부터 책임은 없어.

'책임질 수 없다'에서 '무책임하다'로 건너뛰지 마.

하지만 그러면 자립한 성인이 아니잖아요? 성인이 사회에서 살아가는 이상 직접 해결해야 하는 자세도 필요하지 않나요?

철저하게 '내 탓이다'라는 생각에 갇혀 있는 사람은 사실

두려운 거야. 왜냐하면 그렇게 말하지 않으면 반대로 불안해지니까. '네 노력이 부족한 걸 대단한 듯 말하지 마'라고 공격받을 게 죽을 만큼 두려워서 '내 탓이니 그만 내버려두세요'라는 불안감에 마음의 문을 닫는 거지. 불안과 싸우는 만큼 좀처럼 굴복하지 않아. 바로 그 점을 이용당하는 거야.

그런데 이건 자립이나 자율에 대해 크게 착각했기 때문이야. 인생에서 어른이 되기 위한 크나큰 기준 중 '스스로 여러 모로 어떻게든 할 수 있게 된다'라는 건 매우 중요해. 교육의 목적은 단순히 돈을 많이 버는 사람을 만들거나 좋은 학교에 보내는 게 아니야. '용기와 각오를 가지고 스스로 끊임없이 고민하고 결정할 수 있는 사람'을 사회에 내보내는 거야.

하지만 그건 '모든 걸 자신이 끌어안고 처리하려는 사람'이 되는 것과는 달라. 그런 사람은 이 거대한 세상에서 무엇도 될 수 없기 때문이지. 중요한 건 '누구에게도 피해를 주지 않는 사람'이 되는 게 아니라, 자신의 나약함과 미숙함 그리고 무력함을 제대로 받아들인 다음 **남에게 도움을 적절히 요청할 결단을 내릴 수 있는 사람**'이 되는 것이야. '자립한 인간'이란 정확히 의존해야 할 것을 직접 정할 수 있는 사람이라는 의미야. 그걸 못하면 반대로 나처럼 도움을 요청하는 작고 나약한 사람의 입장에서 생각하기 어려울 테니까.

난 이 책 곳곳에서 스스로 생각하고 결정하는 게 중요하다고 강조해왔어. 하지만 그걸 너무 진지하게 받아들여 '모든 일을 스스로 책임감 있게 생각하고 결정해야 한다'라며 괴로움이 앞서나가게 되면, 이야기의 본질이 훼손되어 '자기 결정'과 '자기 책임'이 전혀 다른 것이라는 사실을 잊어버리게 돼. **때로는 남에게 도움을 직접 능숙하게 요청해가면서 결정하는 것과, 절대로 책임질 필요가 없는 일까지도 전부 자기 탓으로 돌려 의기소침해지는 것. 이 둘을 절대 같다고 생각하지 마.**

'자기 결정'과 '자기 책임'은 기러기와 기저귀만큼이나 다른 거야.

스스로 선택할 수 없는 원인으로 불리한 상황에 내몰린 사람들을 옆에서 바라보는 선량한 사람들도 이 둘의 차이를 건너뛸 때가 있어. 하지만 그들이 냉정하고 배려 없으며 '나만 아니면 돼'라고 생각하는 나쁜 사람들은 아니지. 누군가가 견디기 힘든 불평등과 격차, 편견 속에서 발버둥 치는 모습을 보고도 태연히 "자기 탓이잖아"라고 말할 수 있는 사람은 그리 많지 않아. 무지와 악의는 다르거든.

너희도 돈이나 생활 면에서 부모님께 의존하고 있으니 힘든 입장에 서서 생각하는 건 쉽지 않겠지. 하지만 학교와 교실에서 일어나는 도리에 어긋난 일에 대해 괴롭힘을 당하는 사람을 가리키며 "그런데 쟤가 잘못한 거잖아"라고 쉽게 말할 수 있는 사람은 거의 없어. 모두 여러 가지 마음에 사로잡혀 '힘들겠지만, 난 아무것도 도와주지 못해'라며 머뭇거리지. 그런 어중간한 마음으로 사는 건 꽤 힘들어. '이런 이유로 이렇게 됐다'라며 억지로 합리화하고 싶은 기분이 들 거야.

그래서 주체할 수 없는 마음을 떨쳐버리려고 이렇게 말하는 거야.

어쩔 수 없잖아.

따돌림당하는 사람에게도 원인이 있어.

자기 책임이야.

사람은 순수한 악의를 가지고 주변 사람의 불합리한 상황을 모른 척하는 게 아니야. 아무것도 해줄 수 없는 것에 불안함과 초조함을 느끼고, 이 불평등한 세상을 그나마 이해하고 싶어서 그러는 거지. 그 틈을 비집고 들어오는 게 자기 책임론이라는 난폭한 논리야.

하지만 그건 역시 틀렸어. **'차별당하는 사람에겐 그런 취급을 받을 이유가 있을 거야'라는 논리 자체가 차별의 논리니까.** 아니, '그런 취급을 당하는 이유'를 정한 게 누군데? 차별당하는 쪽이 아니잖아? 차별하는 쪽이잖아?

괴로워도 거기까진 가지 말아야 해. 우리도 힘들지만, 스스로 선택할 수 없는 이유로 괴로운 일을 당하고 있는 사람이 누구보다도 가장 힘들 테니까.

이건 좀처럼 극복하기 힘들지도 몰라. 마음 근육을 단단하게 만드는 건 시간이 걸리는 일이겠지. 그래서 어정쩡한 상태를 곧바로 마음에서 떨쳐내진 않는 편이 좋아. 오히려, 아무것도 할 수 없는 불안에 일단 '익숙해지길' 바랄게.

하지만 그러면 뭔가 찜찜하다고 느낀 걸 못 본 척 묵인하고 방치하는 거 아니에요?

물론 많은 사람의 그러한 태도가 쌓여서 지금의 세상이 되었지만, 무조건 자기 책임이라고만 단정 짓고 끝내기보단 아직 아주 조금은 그 찜찜한 감각을 기억하는 편이 낫다고 생각하는 거야.

'그건 자기 책임이잖아'라고 대충 마무리하면 그거야말로 방치하는 거야. 하지만 너희가 만약 여기서 우물쭈물하고 우유부단한 태도로 머뭇거렸다면, 그것만으로 새로운 길이 살짝 열리는 거지.

그러기 위해 정말 고마운 게 하나 있지.

우물쭈물하고 우유부단한 태도로 길이 열린다고요?
그게 뭔데요?

그게 바로 민주주의야.

다시 하는 것이 전제되는 시스템
― 민주주의

머뭇거리는 사람들에게 딱 맞는 방식

괴로운 순간에도 너희는 그 괴로움을 덜어주는 논리법인 '그건 자기 책임이니까 어쩔 수 없잖아요?'로 건너뛰지 않기 위해 망설이게 돼. 그건 잘못된 것이라고 생각하겠지. 힘든 상태에 머무르는 건 정말 대단한 거야. 그리고 이 행동은 놀랍게도 민주주의와 연결되어 있지. 고마운 시스템이야.

지금까지 민주주의의 중요성을 알려온 수많은 책들에는 "민주주의는 한 사람 한 사람이 가진 자립정신과 마음가짐으로 움직입니다"라고 쓰여 있었어. 이건 정말 맞는 말이야. 하지만 너무 맞는 말이기 때문에, 동시에 민주주의의 장점이 오히려 감춰지고 말았어. 그러면 너무 아쉬우니까 내가 여기에 덧붙일게.

사람은 '개개인의 자립한 정신과 마음가짐이 필요하다'라는 말을 들으면 제대로 해야겠다든지 마음 단단히 먹고 열심히 하자는 생각을 3초 정도 하지만, 4초 후에는 '그래도……'

라면서 불안해져.

논리적으로 타당한 말은 사람을 불안하게 만들어. 우리는 그 타당함에 다가갈 수 없다고 생각하거든. 그렇게 논리적으로 타당한 말을 계속 들으면 오히려 괴로워져서 '아아, 이제 그만. 아무 생각 안 하고 일개 백성이 되는 게 낫겠어'가 될 수도 있지. 지금까지 사람들이 모두 잘못된 판단을 내린 건 대체로 누군가의 못된 계략 탓이 아니라, 모두가 불안한 기분을 견디지 못했기 때문이야. 그걸 누군가가 이용하는 거야. 순서가 반대지.

예를 들어 코로나19로 인해 모든 학교는 일제히 휴교하라는 지시를 받았더라도, 이에 정확한 법률적 근거도 의무도 없다면 각 지역의 상황을 살펴 냉정하게 판단하는 게 맞는다는 사실은 침착하게 생각하면 알 수 있어.

하지만 코로나19라는 미지의 바이러스가 주는 공포심이 학교 관계자에게 불안감과 괴로움을 주는 바람에 99%의 학교가 일제히 휴교령을 따르고 말았지. 이러한 조치가 특히 어린 초등학생에게 어떤 영향을 줄지, 그들이 성인이 되기 전에는 알 수 없어. 하지만 난 그것이 아이들로부터 중요한 무언

가를 빼앗은 잘못된 판단이라고 생각해(물론 동의하지 않는 사람
도 있겠지만).

불안감에 사로잡힌 사람들이 그저 시키는 대로만 따르지
않게 만들려면 '다시 할 수 있으니까'와 같은 말로 모두를 안
심시키는 느낌을 주고, 호흡을 가다듬는 게 좋아. 그리고 그
게 민주주의 시스템의 중요한 포인트야.

민주주의는 실패하고 다시 시작하는 걸 전제로 하는 시스템이야.

바꿔 말해볼게.

민주주의는 '사람은 틀릴 수도 있다'는 것이 이미 전제된
정치 운영 방식이야.

우리는 앞에서 '기본적으로 우리의 합의는 실패한다'라
는 사실을 깨달았어. 그건 우리가 민주주의나 자치를 할 만
한 능력과 센스가 없는 한심한 인간이라서가 아니야. 고집불
통에 자기중심적인 평범한 사람이기 때문에 뜻대로 되기 어

렵다는 의미지. 게다가 우리 생활과 직접적으로 연관된 사안임에 비해 시간도 제한적이거든. 그래서 '아직 대화 중이지만, 이제 슬슬 결정해야 해'라면서 학교 축제 운영 부스에 대해 '아직 다 끓지 못한 미지근한 결론'을 내고 녹초가 되어 선생님께 보고하러 가는 거야.

하지만 그런 합의는 '우리가 직접 내린 결정이니 남의 탓은 할 수 없다'라며 감수해야 한다고도 했어. 완성도가 떨어진 결정이라도 참아야 한다고. 그래서 또 다른 각오를 하게 돼. 즉 다른 각오를 위한 길을 남겨둬야만 하지.

역시 "그런 합의는 잘못됐으니까 다시 하자"라는 말이 나올지도 몰라.

체육대회에서 위험한 종목을 부활시키는 것에 관해 운동부 아이들이 밀어붙인 '찬성'으로 결정됐어. 하지만 그 후에도 반대 의견이 쏟아진다면? "그래도 부활시키면 안 돼!"라는 말에 "이미 결정했잖아!"라고 반박하고, "제대로 논의하지 않았잖아!"라고 받아치면 "이제 와서 무슨 소리야!"라고 화내. 그러면 "이러다 다치는 사람 있으면 어쩔 거야? 누가 책임질 건데!"라고 위협하지. 결국 "아아, 이 상태로는 해결이 안 되니까 다시 처음부터 논의해야겠지?"라고 누군가 말해서 김이 새지만, '지금이 그 짜증 나는 종목을 중단시킬 마지막 기회일지도 몰라'라며 다시 계산하는 아이도 생기고, 어떤 아이는 '다른 의견이 나오면 다시 상의해보는 수밖에 없잖아'라며 절망할지도 몰라. 혼란 그 자체야.

다시 해도 예전보다 나은 결론이 나올 거라는 보장은 없어. 얼토당토않은 이야기가 난입하고 논의 수준이 더 떨어질지도 몰라. "이제 적당히 결론 내렴!"이라고 선생님이 재촉할 수도 있고. 동아리 연습 시간까지 잡아먹어 선배가 화낼지도 모르지.

하지만 이미 결정됐다며 밀어붙여서 부상자가 속출하는 끔찍한 체육대회가 되는 것보다는, "잠깐만, 안전 확보 규칙을 엄격하게 해두려면 아직 할 얘기가 많잖아?"라며 우물쭈물, 꾸물꾸물, 느릿느릿, 구구절절 말하는 편이 그럭저럭 괜찮을지도 몰라.

다시 하는 게 귀찮고 피곤하고 가끔은 시시할 수도 있어.

하지만 한번 정했으면 그대로 해야 한다는 입바른 소리나 이분법적이고 강압적인 방식보다는 우물쭈물 시간을 끌며 결정하는 편이 전체적으로는 안전하고, 안심되기도 하지.

최악의 사태를 피하려면

물론 그렇게 질질 끌다 신물이 나는 경우도 있어. 정해지는 건 하나도 없고 모두 자기 말만 하니 너무 귀찮아. 체육대회나 학교 축제에 관한 결정은 더 이상 질질 끌고 싶지 않아. 당연하지. 다시 할 수 있다고 해도, 계속 반복되면 '이젠 뭐든 상관없어'나 '차라리 선생님께 정해달라고 하자'와 같은 마음도 강해질 거야.

그래서 이렇게 말하는 나도 그런 느슨하거나 무기력한 느낌을 무조건 칭찬하거나 추천하지는 않아. 가능하면 확 끝내고 휙 처리해서 척척 앞으로 나아가야지. 무기력하면 피곤해지니까. 그래서 추천보다는 오히려 이런 말을 하려고 해.

편하지만, 위험하고 돌이킬 수 없는 방식을 선택할 것인가?

귀찮더라도, 모두가 섣부른 결정을 내렸을 때 어떻게든 참고 견디며 최악의 사태를 피할 수 있는 갈림길을 민주주의로써 남겨둘 것인가?

단지 그 어정쩡한 상황에서 일시적으로 도망쳐 편해지기 위해, 정치와 민주주의의 1순위인 '개개인을 소중히 대한다'라는 대전제를 놓아버려도 될까?

'어쩔 수 없어. 이런저런 일이 있었지만 그건 모두 자기 책임으로 받아들이는 수밖에. 우린 모두 평등하잖아!'라는 거칠고 서늘한 결론에 빠지면, 작고 나약한 사람들을 궁지에 몰아넣어 정말 돌이킬 수 없는 곳으로 가버릴지도 몰라. 그런 위험에 비하면 몇 번이고 반복해 협의하는 편이 더 쉽지 않을까?

민주주의는 훌륭하지 않은 우리가 하는 거라 잘되지 않는 경우가 많고, 매우 귀찮고 지칠 때도 많아. 하지만 그런 것이 **우리가 가진 안전망인 거야.**

우리는 내일도 또 어김없이 세련된 합의를 이루어내지 못할 수도 있어.

반 전체 의견은 변함없이 잘 정리되지 않을지도 모르지.

별로 친하지 않은 애들과 계속 교류해야 할 수도 있어.

그럴 여유조차 없다고 생각할지도 모르고.

하지만 '다시 해볼 수 있다'는 사실이 정말 고맙지 않니?

우리는 학교에서 '실패하면 끝장이야'라고 몰리고, 항상 '이젠 끝이야' 같은 절망적인 기분을 느끼며, 괴로울 때는 '그건 네 책임이잖아?'라는 상처가 되는 말을 듣곤 해. 너무 지치지 않니?

다시 도전할 수 있는 민주주의라 다행이지 않아?

훌륭하지 않고 평범한 우리에게는 훌륭하지 않고 결점 많은 민주정치가 걸맞지 않을까?

게다가 민주주의는 시간 제한도 '시대' 제한도 없어.

시대 제한이요?

'시키는 대로 하지 않으면 가만두지 않겠다'는 피도 눈물도 없는 방식을 고수해온 옛날에 비하면, '다시 할 수 있습니다',

‘여러 방법을 시도해봅시다’라는 방식의 정치는 정말 얼마 되지 않았어. 민주주의는 무언가를 결정하는 방법에 대한 역사로 따지면 청춘처럼 젊고 팔팔하지.

‘사람의 머리를 없애는 대신 사람의 머릿수를 모으고, 틀리면 다시 시도한다’라는 평화로운 시스템 덕분에, 민주주의는 인간에 비유하면 아직 유치원생 정도밖에 되지 않았는데도 현시점에서 인간의 존엄성이 파괴될 확률이 가장 낮은 시스템이 된 거야.

100년의 세계사를 돌이켜봐도 그 사실은 명확해. 나치 독일, 파시스트 이탈리아를 비롯해 전쟁으로 터무니없이 많은 사람을 죽게 만든 나라는 모두 민주주의가 미성숙했던 나라이고, 귀찮음과 지지부진함을 견디지 못해 편해지려고 ‘건너뛰기’를 했던 나라뿐이야.

선을 넘지 않고 다시 시도할 줄 아는 느슨한 시스템.

지금 너희가 활약할 무대는 수십 명의 학생들이 있는 교실이지만 핵심은 같아.

학교도 집도 아닌 곳으로

학교는 목숨 걸고 가는 곳이 아니다

난 너희에게 입바른 소리는 하지 않겠다고 했어. 그리고 이미 되어 있는 걸 '살펴보자'고 했지. 사실은 존재하는 '이미 잘할 수 있는 것, 제대로 할 수 있는 것'을 살펴보지 않으면 아무도 깨닫지 못하고 능력을 썩히게 돼. 참 아까워.

- 자치는 중요하지만, 손익과 효율을 따져 살아남는 것도 대단한 거야.

- 말하지 못해도, 듣지 못해도, 쓰지 못해도, 격려할 수만 있다면 대단한 거야.

- 협력의 이유를 '인성', '진심' 같은 추상적이고 답답한 개념에서 분리할 수 있다면 대단한 거야.

- 남의 불행과 내 양심이 딜레마인 상태로 버틸 수 있다면 대단한 거야.

마지막으로 몇 번이나 시도했지만 **학교는 여전히 너무 힘들다**

고 생각하는 학생에게, 그리고 언젠가 그렇게 될지도 모르는 너희에게 말할게.

모든 게 다 힘들다면 학교 같은 데 안 가도 돼.

이유는 정말 단순해.

학교는 사람이 목숨 걸고 가는 곳이 아니거든.

그건 '사람은 왜 학교에 가야 할까?'라는 문제를 곰곰이 생각해보면 바로 알 수 있어. 난 50년 이상 학교에 있지만 '학교를 꼭 가야 하는 이유'는 발견하지 못했어. 지금도 여전히.

네? 교수님인데요? 학교에서 일하시는 거 아니에요?

그런 분이 '안 가도 된다'라니, 그래도 돼요?

사람이 하는 말은 행간을 꼼꼼히 읽어야 한단다.

난 '배우려는 사람 ≠ 학교에 가는 사람'이라는 뜻으로 말하는 거야.

배우려는 사람의 기대감, 설렘, 멈출 수 없는 욕구 같은 건 나도 계속 느끼고 있어서 잘 알아. 그리고 고맙게도 ‘배우려는 욕구’와 ‘배우고 돈까지 받는 기회’가 결합된 대학이라는 공간을 제공받아 학교에 ‘있는’ 것뿐이지. 만약 내 통장에 100억 원이 있다면 휴양지의 별장에서 지내며 실력 좋은 요리사를 고용해 아침부터 밤까지 책만 읽을 거야. 물론 출근도 안 하고. 세상에서 가장 싫은 ‘시험 감독’을 안 해도 되는 것만으로 인생은 행복할 거야.

그래서 제대로 배우려는 마음만 있다면 꼭 학교나 교실에 있지 않아도 돼. 왜냐하면 배움은 학교나 교실이 아니어도 할 수 있고, 어쩌면 학교에 가지 않는 편이 더 배울 수 있을지도 모르거든.

그럼, 학교 말고 집이어도 돼요?

집은 어때요?

이런, 이게 우리가 지금 직면한 문제인 거야. 후우.

집이 '학교화'되고 있다

사람에게 가장 필요한 건 음식과 수면 그리고 휴식이야. 하지만 그건 생물체로서의 이야기지. 우리는 '인간'이야. 나 혼자만 이 세상에 존재하는 건 아무 의미가 없지. '이 세상에 나 말고도 다른 사람들이 존재하기 때문에 사는 의미가 있다'라는 지점에서 생각해야 해. 그렇다면 우리에게 지금 필요한 건 뭘까?

안심하고 편히 쉴 수 있는 행복한 '안식처'야.

너희의 안식처는 어디야?

집과 학교…… 이 두 곳이겠지.

왜 '이겠지'라고 했냐면, 내가 말하는 '안식처'는 편하고 안심된다는 두 가지 조건이 갖춰진 곳인데, 너희에게 집과 학교가 반드시 그렇다고는 할 수 없으니까.

"친구 100명은 필요 없어"라고 했지만, 친구가 아예 필요 없다는 뜻은 아니야. 그런데 좋은 친구가 많다고 해도, 기본적으로 학교라는 곳은 '누군가에게 평가받고', '순위가 매겨지고', '크고 작은 스트레스를 강요받는', 즉 안심할 수 없는 일들이 많이 일어나는 곳이지. 고등학교에 들어와서 "네 1지망은 어디였어?", "아, 그게……"라는 대화 한 번 한 것만으로 스트레스가 쌓이니 힘들어.

다시 말해 학교는 학업, 예능, 성격 등 무언가를 항상 시험당하고 평가받는 곳이기 때문에, 정말로 편히 쉴 수 있는 곳은 아니야. 그런 공간을 '학교화'된 곳이라고 한다면, 그곳은 너희가 가는 학교뿐만이 아니야.

너희 부모님이 일하시는 직장은 실적 같은 결과가 요구되는 공간이지. 결과에 따라 과장이나 부장 같은 서열이 생기기 때문에 안심할 만한 곳은 아니야. 하지만 필요한 돈을 벌려면 어쩔 수 없이 다녀야 해. 항상 능력과 결과를 추궁당해 숨 막히는 '학교화'된 곳이지.

그래서 피곤한 얼굴로 전철을 타고 있는 어른들도, 집에 돌아가면 '오늘도 여러 가지로 피곤했어. 역시 집이 최고야'라고 생각하면서 샤워를 해. 집만큼은 결과나 능력을 따지지 않고 편히 쉴 수 있는 안식처야.

그런 공간을 '사랑의 공동체'라고 해. '사랑의'라는 건 무슨 일이 있어도 "너는 그대로 괜찮아"라고 말해준다는 의미야. 또 여기서의 '공동체'는 '서열이나 실적을 묻는 조직'이 아니라 혈연이나 지연 등으로 이어진, '태어나기 전부터 형성된 최소 단위의 집단'이지. 왜 여기에 있냐는 질문을 받지 않는 장소라 안심할 수 있어.

하지만 때로는 그런 집도 별로 안심할 수 없고 항상 결과를 강요당하는 '학교화'된 곳이 되기도 해. "○○고에 들어가지 않으면, ○○대에 합격하지 않으면 네 인생은 아무 의미 없어"라는 말을 열두 살 때부터 매일 들어왔다면 그곳은 안심할 수 있는 공간이 아니야. 항상 성적과 순위를 묻고 강요하는 곳이 됐기 때문이야.

실적이 떨어져 보너스가 줄었어. 사운을 걸었던 프로젝트에서 적자가 나서 책임지고 1,200km나 떨어진 곳으로 발령을 받자 배우자는 "난 그런 덴 안 가"라고 차갑게 말하지. 부모님께 돈을 빌려 시작한 가게가 망해서 가족들에게 무능력자 취급을 받아. 학교나 회사에서 힘든 일을 겪고 집에 돌아왔는데도 그곳 역시 괴로운 공간이라면, 이젠 안식처는 없어.

이건 각자 사정이 다 다르니 섣불리 단정 짓거나 모두에게 적용할 수 없지. 하지만 학교도 집도 그다지 편히 쉴 수 없어서 갈 곳이 없다고 생각하는 사람도 분명히 있을 거야.

분명히.

그래서 내가 "학교는 목숨 걸고 가는 곳이 아니야"라고 해도, 네가 "집에 있어봤자 '애는 도대체 왜 학교에 가지 않는 거야'라며 매일 우는 엄마 때문에 너무 짜증 나요"라고 할 수도 있으니 해결은 안 되겠지. 일본의 한 만담가는 "아버지, 학교도 집도 마음이 편하지 않아요! 마음이 편한 곳은 화장실뿐입니다!(관객 폭소)"라고 했는데, 그런 마음을 가진 청소년도 있을 거야.

그렇다면 안식처가 없는 사람들에겐 첫 번째 공간인 집도 아니고, 두 번째 공간인 학교나 회사도 아닌, 안심할 수 있는 '세 번째 공간'이 필요해.

세 번째 공간 ― 학교도 집도 아닌 곳

난 교실에서 살아남자, 학교에서 버티자, 그러기 위해선 한 스푼의 용기를 갖고 여러 일들을 무사히 넘기기 위한 꾀를 부리자고 했어. 하지만 그 길이 도저히 힘들어서 지나갈 수 없다면 안 가도 된다고, 정당하고 현명하게 도망치자고도 했지.

하지만 도망친 곳이 학교화된 집이거나, 전학 간 학교가 전교생이 군대식 생활을 하는 곳이라면 도망친 의미가 없어. 그래서 어떻게든 편하고 안심하며 생활할 수 있는 안식처, '세 번째 공간'을 찾아야 해. 별도의 공간을 마련할 수 없다면 작전을 세워 집 안에라도 세 번째 공간을 만드는 게 좋아. 그러지 않으면 숨을 쉴 수 없을 테니까.

이건 사는 지역, 이웃 사람들, 동네 환경과 같은 사정에 따라 달라져. 이웃들이 모두 아는 사이라 "쟤는 학교를 안 간대"라고 금세 소문이 나는 시골이라면 힘들겠지. 공기가 좋고, 음식도 맛있고, 여유로운 데다가 다정하고 선량한 사람들이 있으며, 무료 주차에 문단속도 필요 없는, 그런 좋은 곳일지는 몰라도, 힘들어.

그래서 딱히 추천하는 동네가 있지는 않아. 그저 자신만의 숨 쉴 수 있는 세 번째 공간을 찾고, 만들고, 물어보고, 동료와 협력하는 등…… 여러 시도를 해봐야겠지. 그런 공간이 필요하다고 생각하는 사람들이 꽤 많아서 직업적으로 그런 사람들을 이어주는 어른들도 많아.

이건 자립을 위해서야. 조금만 힘을 내보자.

이번 장에서 나는 '자신의 나약함과 미숙함, 무력함을 받아들이고 제대로 도움을 요청하는 것'이야말로 진정한 자립이라고 했어.

"전 더 이상 안 될 것 같아요. 여기선 숨 쉴 수 없어요. 계단을 조금만 올라도 지치는데, 피난처 같은 덴 없나요?"라고 도움을 요청할 수 있다면 그것만으로 충분해. 그런 시도도 하지 않고 '어차피 난 안 돼. 내 책임이잖아'라며 풀 죽어 있는 것보단 햇살이 들이칠 거야.

참고로 난 이 세 번째 공간을 '**들판**'이라고 불러. '들판'이라는 말을 들으면 물음표를 띄울 텐데, 요컨대 일이나 돈 같은 현실적인 질문을 전혀 듣지 않고, 그냥 훌쩍 와서 여럿이 모여 기승전결 없이 왁자지껄 수다를 떨 수 있는 곳을 말해. '그래도 말했더니 좀 후련하네'라고 생각하거나 '다른 사람과 이야기해보니 요즘 난 너무 편견에 쫓기고 있었구나'라고 깨닫기도 하지. 그런 일들이 일어나는 곳이 들판인 거야.

이야기의 핵심으로 돌아가면, 무언가를 결정해 이 세상을 운영하는 방식인 '정치' 속에는 이렇게 '열심히 하지 않아도 좋은 곳'을 만드는 활동도 포함돼 있어. 학교는 목숨을 걸고 갈 곳이 아니라는 말은 안심되고 즐거우며 숨 쉴 수 있는 안식처가 있다는 걸 전제하지. 하지만 그런 공간이 이 세상에 별로 없어서 모두가 소중함을 잊고 있다면, 기억하자고 목소리를 내고, 말하고 쓰고 격려하면서 그런 마음을 가진 사람들이 모이는 공간을 만드는 정치는 할 수 있어. 그건 이미 지쳐버린 어른들에게도 필요한 공간이야. 교실 역시 그 안에서 일어나는 일들의 크기와 종류만 바꾸면 어른 세계의 이야기와 똑같아지지.

네가 만약 힘들고 괴롭다면, 훌륭한 사람이 될 필요는 없으니 너처럼 작고 나약한 친구에게 그저 들판에서 한숨 돌리자고 말해보자.

재도전의 기회를 주지 않는 사회

그나저나 세 번째 공간이 왜 이렇게나 필요하게 됐을까? 그게 아니지. 사람에게 세 번째 공간이 필요하다는 건 굳이 강조하지 않아도 될 만큼 당연한 건데, 왜 그게 '일부러 강조해야 하는' 이야기가 된 걸까? 문제는 이 부분이야.

세상을 둘러보면 학교나 회사가 아닌 데가 더 많을 테고, 전 세계가 뉴욕 월 스트리트(미국 경제를 움직이는 중심지)처럼 정신없이 북적이는 곳이 아닌데도 왜 이렇게 항상 무언가에 쫓기는 기분이 드는 걸까?

강하게 추측되는 이유는 우리 사회가 인생의 실패로부터 다시 일어설 기회, 즉 '재도전의 기회'에 정말 야박한 곳이라는 점이야. 난 대학 콤플렉스가 있던 우리 아버지에게 "○○ 대학 같은 데를 나오면 그 정도 수준의 인생밖에 되지 않을 거다"라는 말을 백만 번 넘게 들었어. 실패는 절대 허용치 않겠다면서. 용케 잘 버틴 듯해. 아마 그다지 예민하지 않은 성격 덕분이었을 거야.

그런데 잔소리를 많이 들으면 무의식적으로 역효과를 불러오는 재능이 뛰어났던 난, 열다섯 살이 되었을 때 고등학교 입시에서 떨어지는 실패를 경험하고 말았어. 그땐 세뇌당하고 있어서 정말로 인생이 끝났다고 생각했어. 한동안은 (정말 바보같이) 비틀스가 재결성하면 내가 기타리스트가 될 거라는 생각에 진심으로 빠져 있었지.

지망했던 학교에 떨어지고 난 후 가게 된 고등학교는 삭막하고 재미도 없는 데다 집에서는 아침부터 밤까지 대학 순위 이야기만 해대니(형이 명문고에 재학 중이었어), 내 세 번째 공간은 기타 소리가 울리는 내 방이었어. 망상 속에서 난 이미 비틀스 멤버였고, 밴드 '튤립'에서 리듬 기타를 쳤으니까.

고등학교에 들어간 후 점점 교실이 싫어진 난 무조건 빨리 여길 벗어나 교실이 없는 곳에서 내가 좋아하는 것만 신나게 배우고 싶었어. '이런 시시한 시험 공부는 빨리 끝내고 좋아하는 주제만 공부해야지'라는 생각에 재수하지 않고 대학에 입학하면서 겨우 숨 쉴 수 있게 되었지.

제일 가고 싶었던 곳은 가지 못했지만, 대학에는 부모님이 말씀하셨던 것과는 전혀 상관없이 다양한 기회에 도전하려는 친구들이 있었어. 나보다 더 진지하게 프로 뮤지션이 되려던 아이. 3학년 봄에 갑자기 자퇴하고 연기 공부를 시작한 아이. 염색 장인이 되기 위해 다른 지역으로 이주한 아이. 학력을 따지지 않는 언론사 시험을 치고 대형 신문사에 들어간 아이. 직접 회사를 차린 아이. 기타 등등.

시대를 잘 만난 것도 있어. 경제 성장의 여운이 남아 있던 1980년대 초반에는 '젊은이는 어차피 세상 물정 모르고 일도 잘 못하니, 최대한 놀고 돈이나 왕창 쓰며 미래를 위한 밑거름을 다져두기만 하면 된다'라는 마음이 당시 우리를 지켜보던 선배들에게 있었던 것 같아.

난 졸업하고 대학원에 갔어. 그런데 단번에 대기업 취업에 성공한 친구는 '실패해도 다시 하면 돼'라는 마음이 점차 시들어갔어. 당장의 경제적 여유는 있었지만, '중간에 그만두면 인생의 탄탄대로에서 하차하는 것과 마찬가지'라는 불안도 상당했던 거지.

그리고 지금에 이르기까지 경제적으로 힘들어졌다는 이유로 스스로 세상을 떠난 어른이 많은 곳이 바로 일본이라는 나라야. 어쨌든 이 나라는 '다시 한번'의 기회가 별로 마련되어 있지 않아.

모두 '거기서 실패하면 막다른 길이야'라는 고정관념에 완전히 얽매여 있어.

백 보 양보해서 '이제 막다른 길이네'라고 생각한 나이가 65세라면 어쩔 수 없겠지.(애초에 막다른 길이 뭔데?) 하지만 우리 사회에서는 재도전의 기회가 머릿속에 떠오르지 않고, 숨 쉴 만한 세 번째 공간도 찾을 수 없어 매년 수백 명이나 되는 아이들이 스스로 세상을 떠나고 있어. 그 정도로 자기긍정감을 잃어버린, 즉 자신을 우선시하지 않는 사람이 된 거야. 태어난 지 십몇 년 만에!

재도전의 기회가 준비되어 있지 않고, 그럴 때 한숨 돌릴 만한 세 번째 공간도 찾기 힘들어. 그래서 우리는 우리를 우선시하지 못해.

정치가 할 수 있는 것 — 살아남기 위해서

우리는 공부가 싫은 게 아니야. 교실, '학급(영어로 class는 '계급'이라는 의미야)'이 괴로운 거지. 교실에서의 생활이 행복했던 사람도 물론 있을 거야. 선생님들이 공들여 만든 교실에서 나름대로 존재 의식이 있고, 거기서 배울 만한 사람도 많아. 하지만 그곳이 괴로운 사람도 있어.

개개인을 소중히 여기기 위해, 교실뿐만 아니라 여러 안식처에서도 배울 수 있는 환경을 만들면 좋겠지.

하지만 내 목소리는 소수의 발언으로 그칠 거야. 모두 성실하고 참을성이 강하며, 지금까지 경험해본 적 없는 시스템은 여러모로 불안감을 불러일으키니까. 많은 사람이 '가기로 되어 있으니까'라면서 또 내일도 학교에 갈 거야. 하지만 거기선 도저히 힘들어서 공부할 수 없다고 외치는 작고 나약한 목소리는 잘 들리지 않아.

하지만 서로의 말을 듣고, 기록하고, 말하고, 다시 하며 '선택·결정·설득'하는 민주주의가 있다면, 그로 인해 구원받은 작고 나약한 목소리가 정치를 타고 하나의 생각이 되어 '이건 아니지 않아?'라고 생각해줄 사람들에게 닿을 거야. 그게 우리의 정치 아닐까?

세 번째 공간과 재도전의 기회만 있으면 어떻게든 자신을 위해 살아갈 사람들, 즉 훌륭한 주권자인지도 자립한 시민이 될 수 있을지도 모르지만, 자신에게 일어난 일은 남의 탓으로 돌리지 않고 직접 해결하려는 마음을 겨우 붙들고 있는 사람들에게는 그런 정치가 필요해.

그래서 학교에 있든 없든, 너희의 목소리와 한숨은 우리의 정치와 민주주의에 너무나 중요한 자료가 돼.

이제 '정치'에 대한 마음이 이 책을 읽기 전에 가지고 있던 이미지와는 조금 달라졌을 거야. 아니, 꼭 그러길 바라.

너희는 이미 정치를 하고 있다

마지막으로 정리해볼게.

너희는 이 책을 읽기 전에 '정치는 아무것도 몰라'라고 단정하고 있었을 거야. 하지만 이미 몇 번이나 살펴본 대로, 너희는 정치인 걸 깨닫지 못한 채 필사적으로 살아왔을 뿐 모두 상당한 정치를 하고 있었어.

그래서 '자기 결정'과 '자기 책임'을 제대로 구별하고, 무력한 자신을 이해하며, 필요한 상황에서는 올바른 타인에게 도움을 구할 줄 아는 사람이야말로 '자립한 인간'이라는 사실을 기억할 필요가 있지. 그것이 존중받는 시스템이 바로 기회가 주어지는 민주정치야. 이건 현실과 정의가 부딪칠 때 우물쭈물하다 엉뚱한 선택을 해서 최악의 사태가 되는 걸 피할 수 있는 안전망이지.

그다음에 '남의 말을 듣게 한다'는 애매한 표현이 아니라 '제대로 결정하고 설득해서 받아들이게 한다'라는 정치 권력의 올바른 사용 방법도 기억해야 해. 그리고 그런 상황에서 목소리를 내기 힘들어도, 듣는 게 서툴러도, 최소한 할 수 있는 건 다른 사람을 소외시키지 않고 격려하는 거야. 그러면 꼭 진심을 나누는 친구가 아니더라도 협력을 통해 무언가를 만들어낼 수 있지. 그런 관계를 발견하기 위해서라도 우리 집단은 어느 정도 평등해야만 해.

이렇게 너희는 이미 여러 가지를 할 수 있지만, 그래도 도저히 버티기 힘들다면 도망쳐. 애당초 학교는 학생들의 생명과 안전을 지키기 위한 곳이니, 그렇지 않은 곳이 되었다면 가지 않아도 돼. 하지만 도망친 곳이 집인데 여기도 있기 힘들다면 세 번째 공간을 찾자. 청소년의 한계를 그대로 인정하고 올바른 어른에게 도움을 구하는 거야.

우리 사회는 재도전의 기회를 별로 주지 않고, 실패하면 안 된다고 멋대로 단정 짓곤 해. '자기 책임' 같은 저주의 말에 끌려다니지 말고, 세 번째 공간에서 한숨 돌리며 계속 나 자신을 우선시하는 마음을 갖고 살아가길 바랄게.

학교에서 도망쳤으니 더 이상 교실 세계와 상관없고 정치와도 관계없다고 생각할지도 몰라. 하지만 무대가 바뀌어도 정치는 할 수 있어. 아니, 살아 있는 한 정치는 너희를 계속 따라오지.

하지만 숨 막히는 첫 번째·두 번째 공간과 달리 안심하고 편히 쉴 수 있는 세 번째 공간을 이젠 정치를 통해 모두 협력하여 만들 수 있어. 교실에서 탈출했더라도 숨 쉬며 살기 위한 노력은 계속되고 그것이 곧 너희만의 정치이니, 다른 무대에서 선택·결정·설득하며 동료를 만들면 돼.

정치는 특별한 게 아니야.

즐겁게 살아가기 위한 고민이지.

고민할 때는 근육을 조금만 쓰자.

가끔은 근육통도 일어나.

그게 다 나으면 근육이 단단해질 거야.

몸도 마음도.

그건 나중에 천천히 깨달으면 돼.

지금, 이 순간에도 너희는 이미 충분히 많은 것을 해낼 수 있으니까.

마치며

어른은 좀처럼 변하지 않는다

미디어나 SNS에서 정치와 민주주의를 대하는 반응은 차가워. 어떤 정치인이나 고위직 공무원, 저널리스트가 마음에 들지 않으면 익명이 보장된 안전지대에서 심한 말을 퍼붓지. 그들도 사람이니 가끔은 마음이 상할 거야. 종종 내게 신세타령을 하는 정치인 친구도 있어. 그런데 국민들은 절반밖에 투표하러 가지 않아. 일본의 경우 최근 지사 선거나 지역구 선거의 투표율은 30%대로 처참했어.

정치와 관련된 사람들 중에서는 (너희가 생각하는 만큼 많지는 않지만) 정말 말도 안 되는 짓이나 생각을 하는 사람도 있어. 그들이 욕을 먹든 무례한 말을 듣든 오늘 저녁 반찬만큼의 관심도 못 받든, 그걸 뭐라 할 수는 없지.

국민의 생활과 삶에 막대한 영향을 주는 결정을 하는 사람들이니 엄하게 비판받거나 타박당하는 게 당연하다는 논리도 있어. 너희에게 '우크라이나를 지키기 위해 총을 들고 푸틴과 싸워야 한다'라고 명령하는 법을 만들 수도 있는 만큼, 그들에게 별로 상냥하지 않아도 된다는 게 민주정치의 올바른 경계심이야.

하지만 방치하면 곤란해. 민주정치의 출발점이 제대로 전해지지 않으면 평범한 우리도 여러 가능성을 품고 있다는 사실을 깨닫기 힘들어. 정치라는 것 자체에 진저리를 치는 분위기도 팽배해. 하지만 그건 별로 좋지 않아.

정치가 몰아치는 폭풍 아래 있는 듯한 요즘, 난 왜 너희 청소년을 상대로 이런 책을 쓰려고 했을까? 이유는 간단해.

완전히 닳고 닳은 어른들이 생각을 바꾸거나 지적 성장을 할 가능성보다, 너희 청소년이 세상을 구할 가능성과 유연성이 압도적으로 높다고 강하게 믿고 있거든.

아저씨가 되면서 알게 됐는데, 인간은 좀처럼 변하지 않아.

변할 수 없지. 특히 정치에 관한 사고방식은 정말 변하지 않아. 자기가 오랜 시간에 걸쳐 다져온 사고방식을 흔들고 깨부수거나 '어쩌면 확실한 근거가 없는 선입견일지도 몰라'라며 의심하고 다시 생각하는 건 용기가 필요한 데다 힘도 들어. **체력도 기력도 많이 떨어지니까.** 특히 50대 후반이 되면 급격하게 떨어지지.

20대 시절에는 변하지 않는 어른들의 모습에 무작정 화를 내고 경멸했었어. 그런 사람들이 물러나면 세상이 바뀔 것 같았어.

그런데 아저씨가 된 후 겨우 깨달았지. 사람이 바뀌기 위해서는 인생의 가치관을 뿌리째 흔드는 충격적인 사건이나 눈이 번쩍 뜨일 만큼 멋진 이야기를 만나는 것뿐만 아니라, 항상 '아닐 수도 있지 않나?'라며 의심하기 위한 체력이 필요한 거라고.

그래서 지금은 그때의 어른들의 마음을 조금은 알 것 같아. 그리고 생각하지. '피곤하셨죠, 여러 가지로?'

하지만 말은 그렇게 해도 난 '내 안에서 잃어가는 것, 그런 세월에 계속 저항해가자'라고 다짐했어. 야마다 타이치라는 각본가가 "그것이 인생입니다"라고 내게 가르쳐줬으니까.

그리고 이 책을 쓰는 것이야말로 그 저항이었어.

'변화의 시대를 살아가는 지금의 10대에게 정치와 민주주의를 전할 방법은 없어'라며 포기하고 있다가, 걷잡을 수 없는 사태가 되었을 때만 실실 웃으며 "저 사람, 말이 좀 다르지 않아요?" 정도의 말만 얹는다면 별로 짜증 나지 않는 아저씨로 살 수 있을 거라고 생각했던 적도 있어.

하지만 젊은이들이란 정말 존재 자체만으로 우리 중년층에게 에너지를 주는 사람들이야. 대학에서 만난, 불과 얼마 전까지 10대였던 학생들 덕분에 난 회사에서 일하는 닳고 닳은 어른들보다는 잘 포기하지 못하게 됐지. 그래서 이 일을 해야겠다고 마음먹은 거야.

이런 세상으로 만들어버렸다

내가 이렇게 긴 글을 쓴 이유는 또 있어.

대학에 다니던 시절, 모 중학교에서 학생들의 난동으로 학교 유리창이 모두 깨져버린 사건이 있었고, 「3학년 B반 긴파치선생」 같은 유명한 학원 드라마도 시작하고, 인성교육을 이유로 부모가 폭력이 만연한 학교에 아이를 보내는 등 교육 업계는 참 다사다난했지. 당시만 해도 군국주의(나라가 발전하려면 군사력이 가장 중요하다는 이념-옮긴이)를 경험한 사람들이 아직 팔팔했거든.

그리고 그 무렵부터 아이들이 스스로 생을 마감하는 일이 일어났어. 지금의 너희는 믿기 힘들겠지만, 내가 대학생 때만 하더라도 교사나 교육학자 모두 당연히 '아이는 스스로 목숨을 끊지 않을 것이다'라고 생각했었거든.

그래서 1980년대에 초등학생의 자살이 뉴스에 보도되자 어른들은 모두 충격을 받았어. '아직 어린애가 어떻게 스스로 목숨을 끊어?'라며 머릿속이 하얘진 거야. 하지만 그로부터 40년 가까이 지난 지금은 매년 대강의실을 가득 채울 만한 숫자의 미성년자들이 스스로 생을 마감하는 세상이 됐어.

그런 세상으로 만들어버린 것에 나는 어른으로서 큰 책임감을 느껴.

인생 후반기에 접어들어 아이가 태어나면서 정말 가슴이 사무치게 느끼게 되었지.

너희는 우리보다 빨리 세상을 떠나서는 안 돼.

아이는, 이 세상의 모든 아이는 안전한 곳에서 안심하며 배우고 성장할 권리가 있어. 그리고 어른은 그런 조건을 마련해줘야 하는 책임이 있어. 그런데도 우리 어른이 제대로 해주지 않아서, 너무나 많은 아이들이 서둘러 자기가 갈 곳을 정해버린 거야.

참 무력한 어른이지, 난. 그렇게 자책하게 돼. 도대체 난 무엇을 위해 학문을 연구했을까? 아이들이 그렇게 극단적인 선택을 하는 세상에서 도대체 민주정치가 뭐라고, 날 원망하게 돼.

정치학은 교실을 방치해왔다

하지만 난 초중고 교사도 아니고, 교육자라고 해봤자 성인이 된 학생들을 상대할 뿐이야. 그들을 더 이상 아이로 취급하지 않고 '어른으로서 대우해줘야 한다'라는 철칙도 있어. 그래서 이제 막 성인이 된 학생들을 상대로 25년 넘게 정치학을 통해 세상에 메시지를 계속 보내온 거지.

그런데 이 일을 계속해오다 보니 지금 눈앞에 있는 이 학생들이 여기 오기까지 거쳐온 것, 마주한 것, 그 과정에서 고정 관념으로 자리 잡힌 것의 불안정성에 좀 더 영향을 줘야겠다는 생각이 들었어.

사실 학계에서는 이 문제를 교육학자와 교육사회학자가 다뤄야 한다고 봤어. 그렇지만 교육 현장을 경험한 선생님들과 젊고 유능한 교육학자들, 사회학자들의 목소리를 들으며 나는 이런 생각을 하게 된 거야.

이건 원래 정치학자가 마주해야 할 문제 아닌가?
정치학자는 도대체 지금까지 뭘 한 거지?

난 끊임없이 "정치는 국회나 관청에서만 하는 게 아닙니다"라고 말하며 정치와 민주주의의 출발점을 안내해왔어. 그게 수많은 정치학자들 중 내가 해야 할 역할이라고 생각했기 때문이야.

그런데 대학 입학 '전'의 학교에서 일어나는 일은 모두 교육학자나 교육사회학자에게 맡겼던 거야. 거기서도 분명 '정치적인 일'이 도사리고 있고 일어나고 있으며, 이를 계기로 아이들에게 '정치는 생각하고 싶지 않다'는 마음이 생겨버렸는데도!

그리고 대학을 졸업하고 사회에 나간 후에도 청소년 때 겪었던 경험과 감정이 어떠한 형태로든 어른의 마음과 사고방식에 영향을 준다는 사실을 가볍게 지나쳐왔음을 깨달았지.

가볍게 지나친 이상, 다시 그 문제를 마주할 때는 경솔한 태도로 있으면 안 돼. 그래서 누가 뭐래도 신중하면서 친절하게, 대학생들이 강의실에서 배우는 정치학을 이해하기 쉽게 만들어 전해야겠다는 생각에 많이 고민하며 이 책을 썼어.

그 마음이 조금이라도 전해졌다면 '어차피 안 되니까', '이렇게 된 건 다 내 책임이야', '여기에서는 도저히 숨을 쉴 수가 없어, 안녕'이라며 마침표를 찍는 젊은이들이 조금이라도 줄어들지 않을까?

그 메시지는 '시작하며'에서 확실히 말한 것처럼 너희에게 성공이나 영광, 우등생의 삶을 제공하려는 게 아니야. 마음대로 단정 짓지 말고, 잠시 쉬면서 호흡을 가다듬을 수 있는 세 번째 공간을 찾아 어떻게든 살아남길 바라는 거지. 살아남길 바라는 마음을 정치와 민주주의를 통해 설명한 거야.

우리도 예전엔 너희였어

이 길었던 책을 읽고, 모두 각자의 무대에서 각자의 계획과 작전을 통해 자기가 할 수 있는 범위 내에서 고민하고 정치를 한다면 이 세상에 마침표를 찍고 싶다는 생각도 사라질지 몰라. 너희보다 훨씬 빨리 죽을 사람으로서 그걸 바라고 있어.

물론 나 아닌 다른 어른들 중에서도 이런 세상을 너희에게 물려주었다는 걸 후회하며 자책할 사람이 많이 있을 거야. 그런 사람들과 협력해서 나 자신을 아끼며 다시 한번 기회를 준비할 수 있는, 그러기 위한 세 번째 공간을 계속 만들어나가려고 해.

이 세상엔 젊은이들의 마음을 1초 만에 닫게 만드는 발언을 하거나 따분한 옛날이야기만 계속 떠들어대는 어른들도 여전히 많아.

하지만 '돌이켜보니 공부나 친구가 좋을 때도 있었지만, 교실이 답답해 도저히 견딜 수 없었어'라고 할 사람도 있겠지. 그런 의미에서는 옛 세대나 지금 너희 세대나 똑같은 경험을 한 거야.

우리 어른들도 예나 지금이나 적당히 성실한데 별로 훌륭하지는 않은 보통 사람들이야. 고작 50년 만에 사람이 우주 공간을 이동하듯 확 달라질 수는 없으니까.

그래서 이 책은 아직 아무도 시도해본 적 없는 책이고, 너희에게 어떤 메시지를 전달한다는 크나큰 도전이기도 해. 동시에 한때는 청소년이었던 사람들 역시 돌처럼 굳어버린 근육을 풀고 오래 방치했던 마음속 딱지를 어루만지며, 줄곧 찜찜했던 것들을 몇십 년 만에 떠올리면서 '역시 그건 내 선입견이었어'라고 마음을 열고 깨닫길 바라.

난 욕심이 많거든.

태어난 시대는 상관하지 말고 다 같이, 지금 이 순간을 즐기자.

'훌륭한 사람이 되어야 한다'면서 얽매이고,

'친구가 없는 건 내 잘못'이라며 불안해하고,

'나를 더 긍정하자'라고 생각하지 못하고,

'그냥 남의 말을 듣는' 걸 반복하고,

'고등학생답게'라는 말에 마음이 식고,

'다 같이 정한 건데도' 그런 느낌이 안 들고,

‘어떻게 계속 의논해야 할지’도 잘 모르겠고,

‘민주주의 = 다수결’이라고 단정 짓고,

‘말하지 못하고, 듣지 못하고, 쓰지 못한다’라며 풀 죽고,

‘의견 대립이나 비판’을 두려워하고, 겁내고, 다투고,

‘리더는 윗사람’이라고 착각하고,

‘다 같이 고생하는 게 평등’이라며 시야를 좁히고,

‘자원봉사는 의무’라며 선의를 강요하고,

‘편견이라고 느껴지지 않으니까’라며 안일하게 생각하고,

‘모든 게 내 책임’이라며 고개를 숙이고,

‘여러 번 실패해도 다시 할 수 있는 민주주의’를 깨닫지 못하고,

‘이미 여러 가지를 할 수 있다는 사실’을 깨닫지 못하고,

‘무리하게 학교나 회사에 목숨 걸고’ 가서 상처받다가,

그래도 결국 ‘스스로 현명하게 결정하고, 잘하지 못하는 부분을 받아들이며, 우리가 한 결정을 남의 탓으로 돌릴 수 없다는 것을 명심해야 해’라는 지점에 도달하게 되는 거야.

그걸 ‘주권자’로 부른다면, 너희도 주권자지.

그런 의미로 나이는 아무 상관이 없어.

조금 다른 건 청소년들에게는 압도적인 체력이 있다는 것, 인스타그램이나 틱톡을 하는 것, 프로필사진을 '프사'로 줄여 말하고, 아빠가 보낸 '집에 가면 청소 좀 해놔라'라는 메신저에 'ㅇㅋ'로 답한다는 것 정도지. 절약 정신이 투철하니 참 다행이야.

우리는 훌륭한 사람이 되기 위해서가 아니라 즐겁게 살기 위해 인생을 살고 있고, 살아가려고 해. 그러기 위해 정치와 민주주의는 꼭 필요해.

우린 교수와 학생 사이이긴 하지만, 모두 약하고 소심해서 금방 상처받고, 변명이 서투르고, 게으름뱅이에 자기중심적이며, 쪼잔하고 웃긴 걸 좋아하는 그냥 그런 사람들이야. 그리고 언젠가 반드시 죽어.

여기까지 읽어줘서 정말 고마워.

이젠 TV에서 중계도 안 하고 야구 규칙을 모르는 청소년도 급격히 늘었지만, 만약 계기가 있고 흥미가 생긴다면 꼭 히로시마 카프(일본 프로야구단. 아시아 최초의 시민구단으로 시작해 탄탄한 팬덤을 형성하고 있다-옮긴이)라는 야구팀을 응원해주길 바랄게.

이것도 인생의 수련이 될 테니까.

감사의 말

우리 아이가 다니는 초등학교에서 PTA 회장직을 마치고, 함께 세월을 보냈던 친구들의 모습을 돌이켜보다 도달한 곳에는 '이미 학교를 졸업했는데도 여전히 학교에 얽매여 있는 사람들'이 있었습니다.

그 안타까운 광경은 어른이 된 저의 과거를 포함해 '10대 아이들의 세상 속 여러 조건'을 다시 살펴봐야겠다는 생각이 들게 했죠.

그 무렵, 과거에는 10대였고, 현재는 보호자로서 열심히 하루하루를 살아가는 쇼분샤의 구즈우 치에 씨에게 새 책을 만들자는 뜻밖의 제안을 받았습니다. 행운이었죠.

이후 여전히 학교에 얽매여 있는 사람으로서, 그리고 성적보다 '배움'을 놓을 수 없었던 동지로서, 편리하지만 숨 막히는 이 사회의 아이들에게 제 메시지가 닿길 바라는 마음에 숱하게 치고받았습니다.

덕분에 저자, 편집자 그리고 '바라는 자'라는 두 사람의 성질이 하나로 합쳐져 이 책이 탄생하게 되었습니다.

같은 과제에서 서로 다른 역할로 마주하고, 함께 힘을 내서 일을 마무리하는 행복은 구즈우 씨 없이는 얻기 힘들었을 것입니다.

정말 고맙습니다.

10대들을 지켜보는 인생이 언제까지 계속될지는 몰라도, 배움을 놓지 않는 어른으로 살아가요.

10대였던 날 지켜봐주셨던 어머니가 떠난 늦봄에

오카다 켄지